浙江省文物考古研究所公共考古与图录　第52号

玉架山

考古精粹

The Archaeological Essentials of
Yujiashan Site

浙江省文物考古研究所　玉架山考古博物馆　｜　编著

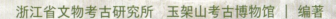

文物出版社

图书在版编目（CIP）数据

玉架山考古精粹 / 浙江省文物考古研究所，玉架山
考古博物馆编著. -- 北京：文物出版社，2025. 5.
ISBN 978-7-5010-8754-9

Ⅰ. K878.05

中国国家版本馆CIP数据核字第2025TY0635号

玉架山考古精粹

编　　著	浙江省文物考古研究所
	玉架山考古博物馆

封面题签　严文明

责任编辑　黄　曲

责任印制　张　丽

出版发行　文物出版社
社　　址　北京市东城区东直门内北小街2号楼
邮政编码　100007
网　　址　http://www.wenwu.com
邮　　箱　wenwu1957@126.com
经　　销　新华书店
制版印刷　天津裕同印刷有限公司
开　　本　889mm×1194mm　1/16
印　　张　22
版　　次　2025年5月第1版
印　　次　2025年5月第1次印刷
书　　号　ISBN 978-7-5010-8754-9
定　　价　520.00元

《玉架山考古精粹》编辑委员会

主　编

楼　航

副主编

朱雪菲

编　委

陆文宝　　吕　芹　　张　苏
方中华　　王建平　　姚六珍

摄　影

章益林　　林　城

序

  2008~2022 年浙江省文物考古研究所和中国江南水乡文化博物馆联合进行的玉架山遗址考古，曾荣获"2011 年度全国十大考古新发现"。张忠培先生当时评价其重要性称，第一次发现由多个环壕组成的完整聚落，揭示出了良渚文化社会的一个基本单元；严文明先生则强调玉架山遗址的重要性在于六个环壕构成的聚落群涵盖了良渚文化早、中、晚各个时期，对研究当时的社会性质十分难得（《中国文物报》2012 年 4 月 11 日第 2 版）。

  玉架山遗址所在的这一区域，1938 年施昕更先生《良渚》"浙江杭县遗址分布位置及其附近交通图"东北角的独山，再往东便是超山、半山、临平山所在的"临平遗址群"了。这一区域史前考古工作主要始于 1993 年横山两座良渚文化晚期高等级大墓的发现，之后三亩里、后头山等遗址陆续发掘，再之后是归属于玉架山环壕聚落的万陈村、灯笼山遗址的考古；差不多与玉架山发掘同时，出土过玉琮的茅山遗址因为建设开发得以大规模揭露，首次发现了良渚至广富林文化时期的大规模古稻田和对应聚落。在玉架山、茅山遗址发掘前，王明达先生就原余杭区境内古文化遗址分布谈认识，把"横山聚落区"作为其中的六个区之一。随着工作的深入，大家建议"临平遗址群"更为合适，赵晔先生还有专文在《东南文化》进行了介绍。

  无论是"横山聚落区"，还是"临平遗址群"，它们与良渚文化的中心良渚古城所在的"良渚遗址群"是什么样的关系，这是最为重要的问题。如此，才能准确定位"临平遗址群"在良渚文明化进程中的地位和作用。

  玉架山遗址显然是自始至终的参与者和见证者。

  良渚遗址群崛起的讨论近年来取得了重要成果。《瑶山》报告出版后，非常明确早在良渚文化最早期的瑶山祭坛和墓葬复合遗址已经开始有计划地埋设 M9 等大墓了，崧泽文化遗风的圆和弧边三角组合图案的随葬陶豆，构建起良渚遗址群崧泽文化晚期向良渚文化早期发展的桥梁。随着良渚遗址群大雄山石马兜、官井头、北村等良渚文化早期重要遗址的发现，"早期良渚"的面貌逐渐明显起来。这些良渚文化早期遗址从差不多距今 5300 年左右就聚集在后来良渚古城所在的簸箕形盆地四周，开始良渚文明的经营，瑶山就是这一时期的中心。以琮、钺和复杂玉头饰等成组玉礼器的用玉制度已经一步到位地成熟了。

20 余公里之外的玉架山差不多也开始了文明的步伐。

玉架山 M200、M149 均属于良渚文化早期墓葬。玉架山 M200 出土的成组玉器是目前唯一可以堪比稍早时期瑶山 M9、反山 M22 的高等级女性权贵大墓，其玉器种类齐全、玉料品质俱佳、工艺也甚为精湛，其中倒梯形神鸟镂孔刻纹冠状器的图纹，与反山 M12 豪华权杖玉镦上的一周纹样结构完全一致；圆琮刻纹虽然线条略显呆板，大眼内的小尖喙刻划还明显不符合瑶山同类刻纹的范式，但基本形态一致；位于头端部位的圆形镶嵌件，极有可能是如反山 M22 圆形器的镶嵌玉件。玉架山 M200 东南侧 M149，也是一座随葬冠状器、三叉形器、成组锥形器、琮的大墓，成组锥形器一组 7 件，在瑶山、反山王陵中这样的配置属于男性权贵的第二等级。玉架山这两座墓葬是环壕 I 中部墓群良渚文化早期墓葬等级最高的一组，是这一墓群的核心成员。另外，玉架山 M200 和其他墓葬还出土了陶过滤器，这类特殊陶器是良渚遗址群良渚文化早期的典型器，它们往往与标识女性性别的璜、纺轮共出。陶过滤器迄今都不见于苏南、沪嘉等良渚文化分布区，是良渚遗址群核心区和周边重要影响区的标识性陶器。

玉架山 M194 还出土了一件玉冠形饰件，刻划的图纹见于凌家滩 97M15 三件玉冠饰，见于瑶山 M12 收缴的 2789 玉琮神兽眼梁部位，还见于瑶山 M4、M11 和官井头 M51、M54 等璜凹缺部位，安徽潜山薛家岗、武穴鼓山的半圆弧状镂孔饰也是同样的形制。2024 年千余公里之外的内蒙古敖汉旗下洼镇红山文化元宝山积石冢遗址 M15 居然也出土了同类器。说明这一时期玉架山玉冠形饰的这类图纹具有特定的含义，薛家岗 M49：4 的两侧线镂造型、瑶山 M11：83 的镂孔看上去都是鸟的造型，它们的祖型似乎可以追溯到河姆渡文化时期的双鸟形器（蝶形器）。如此大范围的分布，但最后又集中到"良渚"身上，是集大成者的体现。加上玉架山蹲踞玉人、玉龙、神眼纹玉器等良渚文化早期代表性重要玉器和图纹，充分说明玉架山遗址在"早期良渚"建设中的地位。

良渚文明是玉文明，贯穿良渚文化始终的玉架山遗址墓葬中出土的成组玉器，是系统研究良渚玉礼制文明不可多得的材料。

　　玉架山、茅山是"临平遗址群"两处发掘揭露面积最大的遗址。茅山较为完整地揭示出位于茅山山麓的大规模古稻田和它的聚落，从目前揭示的情况来看，茅山古稻田的生产区大大超过生活区的需求，以至严文明先生《良渚颂》提到莫角山大粮仓时说"巨量粮食何处产？原来郊外有茅山。茅山稻田数十亩，不啻王室大农场"。玉架山的情况有些特殊，总面积约 15 万平方米的环壕聚落周边经过大范围的考古勘探，没有发现耕种的迹象，或许他们的生产区在更远的地方。当然，茅山就在玉架山遗址南部千余米，翘首可望，当时的先民完全晓得这个山麓南部大农场所在。玉架山环壕Ⅰ揭露较为完整，大家对于环壕聚落的性质还有很大的争论，是特别的墓地？还是居址合一的生活聚落？我觉得环壕Ⅰ墓群分为北、中、南三个区域，彼此有相当大的空间分割，还发现了房址、"广场"等，仅认为作为生活区必需的如废弃堆积、垃圾坑等发现较少还不能完全断定环壕Ⅰ的性质。环壕作为聚落形式早在上山文化就已经开始了，为什么在之后的发展过程中发现得不多，应该有多方面的原因，发掘面积不够大是其中之一。另外，从上山文化、跨湖桥文化到河姆渡文化，以及从低矮丘陵地带向沼泽平原发展的马家浜文化、崧泽文化时期，平原地区利用天然的河网和沼泽湿地形成聚落之间的阻隔是一种新形势。我们很难理解玉架山贯穿良渚文化的六个环壕，如果作为特殊的墓地能够持续存在那么多年，实在太匪夷所思了。唯一的解释就是，在遗址密集的分布区域内，我们对于总体的把握往往因为发掘面积有限和系统勘探没有跟上，还没有发现那些遗址与遗址之间的空间关系是如何界定的。1995~1998 年中日合作普安桥遗址考古在遗址大土墩的结构和演变揭示上取得了重要突破，但是普安桥遗址周边遗址分布极为密集，它们的空间关系怎么样？桐乡新地里遗址周边也同样遗址密集，它们之间想必还是会通过天然河网、人工环壕或壕沟分隔的。

　　所以，玉架山环壕聚落遗址考古不仅是良渚核心区周边重要遗址群社会单元研究的好材料，更是良渚文化宏观聚落考古的新内容。浙北地区世纪之初的土地整理、新农村建设和伴随的盗掘，以及后来的大规模经济开发，这个努力看来没有什么希望了，但是良渚遗址群内还有可能，这是今后考古要考虑的。

玉架山所在的临平遗址群于良渚遗址群举足轻重，还不能忘了良渚文化晚期位于它们中间偏北的德清中初鸣制玉作坊遗址群。那个区域近 100 万平方米的范围内密集分布了众多以蛇纹石材料为主，专门以制作锥形器、管珠等"低端玉器"为主的制玉作坊遗址，它们不可能与早已伫立的良渚古城没有任何关系。良渚文化晚期核心区域周边出现的新的生产和经济模式势必也会影响同时期聚落社会的格局，这也是审视玉架山遗址要考虑的。

从 1936 年施昕更试掘良渚，对于良渚的认识不断与时俱进，从"良渚遗址群"的提出，良渚古城的确认和庞大水利系统的发现，对以瑶山为代表的"早期良渚"的探索，空间格局认识不断扩大，成为研究良渚文明化进程的重要内容。包括杭州古荡在内的良渚遗址群"C"形盆大地的大视野，牟永抗先生常对我们唠叨，在《庙前》报告"概述"时，特地把良渚遗址群放置在这一大形势中，现在看起来还不够宏观。目前，本所科技考古室的同志们已经把特别资源获取研究的触角伸向了浙西北的天目山余脉，那里蕴藏着玉，钱塘江流域的桐庐富春江、分水江有着丰富的石器资源，富春江南岸的富阳瓦窑里遗址出土了良渚遗址群早期的重要标识性陶器过滤器。至于良渚遗址群与苏南、沪嘉地区高等级良渚文化遗址群之间的关系，相信随着聚落考古的深入、玉礼制研究的系统化，也会进一步明晰。2025 年是浙江省文物考古研究所牵头、联合江苏省文物考古研究院、安徽省文物考古研究所、上海博物馆进行的"考古中国：长江下游区域文明模式研究"重大项目的结项之年，除了多角度、全方位研究长江下游地区从距今 5700 年至 4000 年间的社会形态、技术发展水平、生产模式、宗教信仰等，如何以良渚古城为核心，全面展示长江下游地区文化进程，仍是初设的目标。

玉架山遗址考古前后历时逾十年，项目执行人楼航先生和他的队伍非常辛苦。我非常清晰地记得，在假山路考古所办公室他告知发现环壕后掩饰不住的高兴；清理玉架山 M200 时，我们特地前往学习，记得当时我对媒体讲，这是继反山、瑶山之后发现的良渚文化早期最高等级的显贵墓葬，现在看来奠定临平遗址群在良渚文化早期的地位，就是玉架山这座墓葬；玉架山 M16 玉璧直径 24.6 厘米，在良渚文化出土玉璧中算是体量很大的，预判极有可能会有铭刻符号，那天我和曹锦炎所长特地赶往工地观摩，要收摊打包时，楼航转动着玉璧说，边上好像有个刻符，果然，真是解铃还须系铃人，我抢过来确认后，又艰难地在璧面发现一个。后来，时任中国江南水乡文化博物馆的吕芹副馆长到库房一一检索，还在早年征集的良渚玉璧上又发现一个铭刻符号。

玉架山遗址考古自始至终得到了属地政府和文物部门的高度重视，在陆文宝馆长等的努力下，属地政府高瞻远瞩，不仅完成了考古遗址公园建设，还特地在公园一角设立玉架山考古博物馆，我是特地建议改"玉架山考古遗址博物馆"为"玉架山考古博物馆"的，因为博物馆就依着玉架山考古遗址公园，博物馆的展览内容并非局限于玉架山遗址，是专题展览玉架山、茅山、横山等临平遗址群的考古成果，这是省内第一家直接以"考古博物馆"冠名的考古博物馆。北京大学考古文博学院秦岭老师负责展览策划，严文明先生专门为此题写了馆名，相信今年开馆一定不会让大家失望。目前，玉架山遗址资料整理还在进行中，朱雪菲博士也在积极配合，考古报告的出版还需要一段时间，虽然图录不能替代考古报告，但为了能让公众充分了解玉架山遗址考古成果，先行编辑出版《玉架山考古精粹》，既是玉架山考古博物馆玉架山部分的导读，也可以引发对于玉架山遗址考古成果的新认识、新思考。

在临平和余杭没有分家前（指 2021 年杭州市部分行政区划调整后设立临平区和余杭区），我参加了一段时期的良渚考古，完成了《庙前》报告，协助芮国耀、王明达先生完成了《瑶山》《反山》，与中国江南水乡文化博物馆（从余杭博物馆到临平博物馆）的同仁们结下了深厚友谊，馆舍从临平山搬到现在的人民广场，都非常熟悉。去年，临平区还新建了临平古海塘博物馆，加上今年要开放的玉架山考古遗址公园和玉架山考古博物馆，祝临平区文物考古和博物馆事业蒸蒸日上。

2025 年 2 月 3 日乙巳年立春

● 目录

下编：物与工

● 2020 年玉架山遗址（保护区）（由北向南）

环壕 V

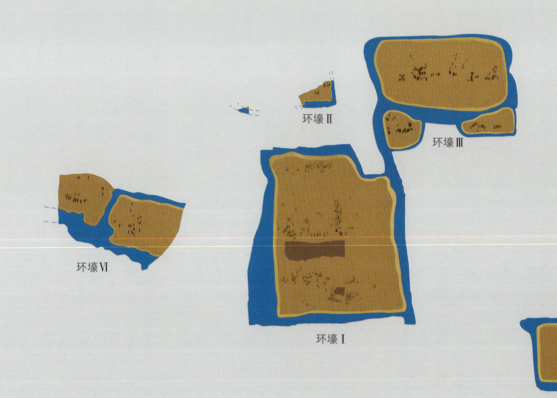

环壕 II

环壕 III

环壕 VI

环壕 I

环壕 IV

● 玉架山遗址总平面图

0　　　　50 米

概述

　　玉架山遗址位于浙江省杭州市临平区东湖街道，西距良渚古城约 25 公里，是良渚古城东部平原上一处约 30 平方公里的良渚文化聚落群——"临平遗址群"的核心。2008 年 4 月至 2022 年 4 月，经过勘探和发掘，发现了由六个相邻的环壕组成的良渚文化聚落址，总面积约 15 万平方米，共清理良渚文化墓葬 645 座、建筑遗迹 11 处、"祭祀广场" 2 处、灰坑 32 座，出土陶、石、玉器等各类文物 8000 余件（组）。

　　良渚文化时期，玉架山遗址处于湿地环境中，当时的人们惯以挖壕筑台的方式营建居所。玉架山遗址共有内、外两圈共六个环壕，内圈三个环壕较为聚拢，呈倒"品"字形分布；外圈三个环壕较为分散，呈"品"字形分布。各环壕内部为当时人们居住、活动的台地，台地的堆筑与环壕的开挖相辅相成。从环壕不同局部的宽度、深度以及环壕间或沟通或隔离的情况推断，玉架山遗址的环壕，作为聚落内不同区域或不同人群集体的地缘标识，兼具防卫及交通的功能。

● 环壕 I 全景（由北向南）

● 环壕 I 东南段壕沟及其北向沟道（由南向北）

环壕 I 平面总体上呈方形，东北转角略呈"丁"字形，往北延伸与环壕 III 相接。环壕 I 边长约 134～155 米，面积 20000 余平方米，发掘面积约 14200 平方米。壕沟宽约 3.35～15.2、深约 0.6～1.25 米。环壕 I 内有墓葬、房屋、灰坑和砂土层等遗迹，已清理良渚文化墓葬 302 座、房屋遗迹 7 座。

环壕Ⅱ东西长约100、东段南北残宽现存约40米，东南转角处壕沟最宽6、深0.75米（不含壕沟内的取土坑），发掘面积2300余平方米，清理墓葬44座（含万陈村D2的29座）。通过对壕沟局部的解剖发现，靠近土台的一侧沟边有铺设块石的现象。壕沟填土中出土较多实用陶器残片。

● 环壕Ⅱ东南转角（由东南向西北）

● 环壕Ⅲ西段壕沟解剖（由东向西）

　　环壕Ⅲ东西长 130、南北宽 75 米，面积近 10000 平方米，发掘面积约 4500 平方米。壕沟西段宽约 9.5、最深 1.5米。已清理良渚文化墓葬 150 座、房屋 3 座。

● 环壕Ⅳ西段壕沟解剖南壁（由北向南）

　　环壕Ⅳ东西长 90、南北宽 80 米，面积 7000 余平方米，
发掘面积 950 平方米。壕沟西段最宽 4.25、最深 0.65 米。清
理墓葬 49 座、房屋 1 座。除了为配合道路施工所发掘的部分，
其余原址保护。

● 环壕Ⅴ东北转角（由西北向东南）

环壕Ⅴ遭道路建设破坏，东北角尚存6000余平方米，发掘面积1300余平方米，清理墓葬33座，出土随葬品近700件（组）。

● 环壕Ⅵ发掘区（由东向西）

环壕Ⅵ边长近90米，面积近10000平方米，发掘面积近7500平方米，清理墓葬39座，出土玉琮、朱漆柄石钺等遗物近500件（组）。

各环壕平面大致呈方形。从相对位置、环壕面积、环壕内墓葬数量和环壕内墓葬等级等多方面看，都反映出环壕Ⅰ在整个聚落中的重要地位。环壕Ⅰ内最主要的遗迹是大量成群分布的墓葬。总的来说，可分为北部、中部和南部三大群，但每群墓葬还有更细的片区划分。通常，能形成有序排列的墓葬，仅能包括有限的局部少量墓葬。在较大范围的墓地片区内，主要是小部分有序排列、总体并不整齐的排葬形式。这种墓地的不同层级的排布形式，是玉架山聚落复杂人群结构的投射。

　　环壕Ⅰ内有"砂土"遗迹共 2 处，是岩石风化成的小石子与泥土混合后营建的堆积，表面较为平整。"砂土遗迹Ⅰ"位于环壕Ⅰ内土台的中部，东西长约 70、南北宽约 7.8 ～ 18、厚约 0.15 米，面积约 1000 平方米，局部被后期破坏。平面上发现有东西连续排列的房址 F3 ～ F5，以及少量排列不规则的柱坑。砂土区域的北侧，集中分布有大量良渚文化墓葬，其中包括玉架山遗址中的最高等级贵族墓群。砂土区域的南侧，亦分布有密集成群的墓葬。由此可见，"砂土遗迹Ⅰ"的空间位置具有一定的象征性，是一处反映环壕Ⅰ内聚落空间规划、人群等级区分的广场类遗迹。其上的建筑设施基本覆盖广场的核心区域，可能是举行仪式性活动之用。"砂土遗迹Ⅱ"位于环壕Ⅰ内土台的东南部，是"砂土遗迹Ⅰ"以南的空间内，另一处经过类似方式营建的广场类遗迹。其平面形状近方形，边长约 8 ～ 10、厚约 0.15 米，面积约 80 平方米。其上埋设 1 件陶缸，未见明显的房址类设施，周边分布有较多的墓葬。相较于"砂土遗迹Ⅰ"而言，"砂土遗迹Ⅱ"面积小、设施简单，所处空间内活动的人群等级较低，

● 砂土广场上的 F3~F5（由东北向西南）

● 环壕 I 主要遗迹分布图

图　例

🔴 贵族墓葬

🟫 砂土遗迹

Labels on map: M20, M198, M200, M23, M149, M202, M201, M21, M16, M64, M215, M216, M158, M156, M159, M157, M155, M205, M203, M204, M206

是比前者低一个等级的活动空间的象征。

除了成群分布的墓葬以及两处以铺设砂土为标记的空间之外，环壕Ⅰ内还存在多处空白地带。比如，中部墓区与北部墓区之间，空白地带面积较大，仅有零星墓葬分布其间。事实上，这一空白地带主要是大片的洼地，洼地内的文化堆积中出土遗物较为丰富，属于比较典型的生活废弃堆积。由于玉架山遗址所受破坏程度较大，遗址中残留下来的房址类建筑遗迹很少或极难辨认。如F11，仅见规律性排布的柱洞；如F8，则以较为规整的烧土范围为边界。这些生活类遗迹的缺失，在很大程度上模糊了玉架山遗址作为聚落址的性质。而这些空白地带出土的生活堆积，间接弥补了这一缺憾。

● F11（由南向北）

● F8 及 M306、307（由北向南）

● TE17N17~TE17N19 内规整
的红烧土遗迹（由北向南）

● M289 等墓葬被 F7 叠压打破
（由东向西）

　　综合各环壕的发掘情况来看，玉架山遗址的人群等级结构与年代序列仍是由墓葬提供的
信息来表述的。玉架山遗址的墓葬形制较为统一，均为长方形竖穴土坑墓，以仰身直肢葬为主，
绝大多数头向南，少数墓葬清理出葬具痕迹。但根据随葬器物的摆放规律和人骨发生的位移
程度来看，以单棺为葬具的墓葬数量较多，一棺一椁的葬具则为少数贵族所享有。随葬品数
量多寡不一，少的仅一二件，多的达 110 件（组）；陶器种类有鼎、豆、罐、缸、尊、盘、盆、
簋、双鼻壶、纺轮等，其中鼎、豆、罐（或尊）是陶器的基本组合；玉器主要有琮、璧、钺、
三叉形器、冠状器、璜、镯及数量较多的锥形器和管珠等，其他玉器还有环、鱼、带钩、端饰、

纺轮和坠饰等，种类丰富；石器主要为钺，有少量镞和网坠等；另外还出土少量野猪獠牙和鲨鱼牙齿。200 号墓是本遗址良渚文化早期最高等级的墓葬，出土了琮式玉镯、平顶透雕刻纹玉冠状器、龙首纹玉锥形器、玉匕形器和成对的玉箸形器等遗物。根据随葬器物的形制特征，玉架山遗址可分为四期，贯穿良渚文化始终。其中，环壕Ⅰ内的墓葬完整地反映出这一序列的发展，而环壕Ⅲ内一期墓葬较少的现象，或反映了该环壕的发展与人口的增加有关。由于多数环壕的发掘面积有限，尚不能根据可知的墓葬分期来推断六个环壕的聚落发展过程。但结合早年对同属于玉架山聚落范围内的万陈村、灯笼山等遗址的发掘可知，早在崧泽文化晚期，玉架山遗址所处区域内就有小规模分片活动的人群。而在以 M200 贵族墓为代表的玉架山遗址第一期，"六环之聚"的聚落规模已经成型。

玉架山遗址的南面是发现了良渚文化水稻田的茅山遗址，西南面是埋设了贵族墓葬的横山遗址。在遗址周边约 20 平方公里的范围内，经调查和发掘的良渚文化遗址已近 20 处，表明临平山的周边存在着一个较大规模、较高等级的良渚文化的次级中心聚落。

目前，在环太湖流域良渚文化的分布范围内，玉架山遗址是首次且唯一一个由考古发掘揭示出的多环壕聚落。其特殊的空间规划方式，对研究良渚文化社会的基本单元和人群组织结构具有重要意义。同时，玉架山遗址的考古工作本身，也是长江下游田野考古上的新突破，对于临平地区乃至整个良渚文化分布区内未来的考古工作有着重要的借鉴意义。

樊航

2025 年 4 月 2 日

玉架山考古精粹

上 编

墓 与 人

贵族 墓葬举例

　　玉架山遗址发掘区内中心环壕——环壕Ⅰ内大墓成群，周邻环壕也分布有若干高等级墓。

　　通过对比环壕Ⅰ及其东北角环壕Ⅲ内的几座大墓，在贵族葬俗中占有重要地位的用玉制度，在玉架山聚落早晚期间最大的变化是滑石制品代替玉器的出现。总的趋势是年代越晚，滑石制品的使用越普遍。

图　　例	
●	早 期 大 墓
○	晚 期 大 墓

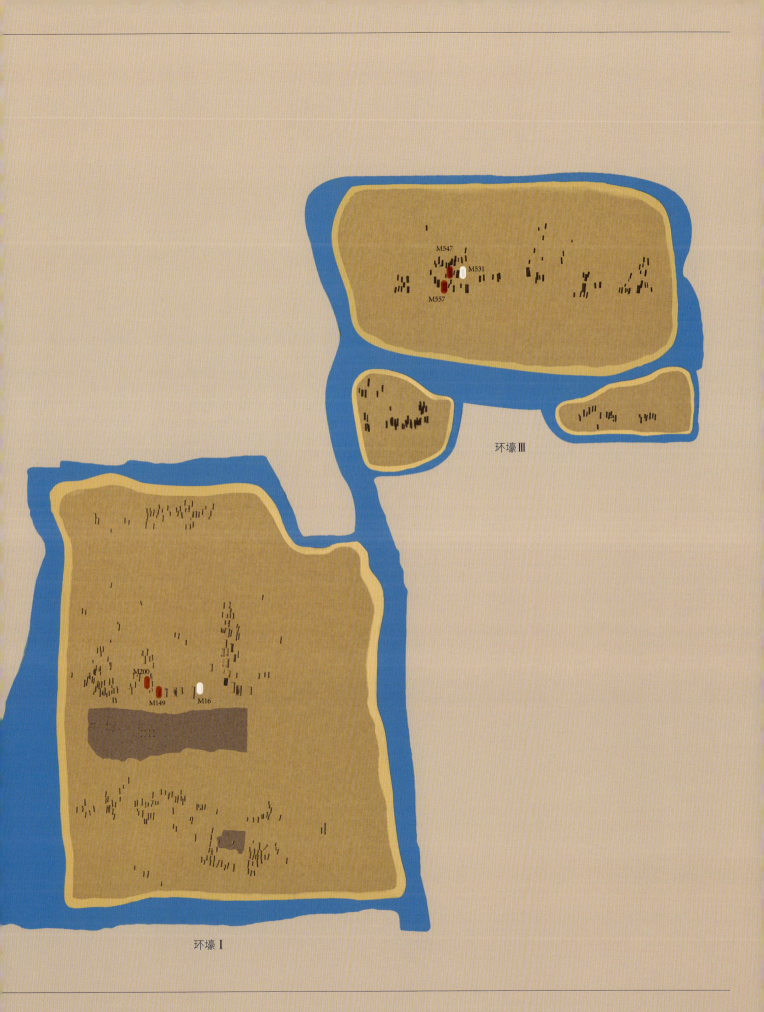

环壕Ⅲ

环壕Ⅰ

YLYM200

M200

　　M200 为玉架山遗址内墓葬等级最高者。长方形竖穴土坑墓，长 332、宽 135 ~ 149、存深 51 ~ 61 厘米。存有一棺一椁的板灰痕迹。人骨已朽，仅于南部残存部分牙齿。头向南，方向 177°。随葬品有陶器、玉器等共计 114 件（组），均置于棺内。通过随葬玉璜、陶过滤器，不见玉三叉形器等特征，可知为女性墓。

● M200 南端玉器出土情况

外椁呈方框形，长约295、宽约125厘米，置于坑中偏北部。内棺长250、宽80厘米，置于椁中。外椁以木板搭建，内棺两端有挡板，底呈凹弧形。内棺与外椁间置有以防内棺侧翻的圆木形枕木。

● M200 葬具解剖结构
（由南向北）

玉镶嵌件

（M200：1～9）

阳起石。器形细小。正面弧凸，背面平。
M200：6的底部对钻隧孔。长0.7～1.8、
宽0.4～0.5、厚0.3～0.4厘米。

圆形玉镶嵌片

（M200：10）

阳起石。圆饼形，正面边缘呈圆弧状，背面平。
直径3.4、厚0.6厘米。

玉环

（M200：16）

阳起石。边缘处微弧凸，两面不平整；中孔较
大，孔壁略经修整，存台痕。直径9.5、孔径
5.3~5.6、厚1.8厘米。

〔穿孔内壁制作痕迹〕

玉璜

（M 200：30）

透闪石。器形扁薄，厚薄不匀，半璧形；一面
有较多切割痕；顶端平，两侧钻孔。高5、顶宽
10、厚约0.5厘米。

● 玉冠状器（M200∶26）出土时凸榫下的朱砂痕迹

玉管

(M200:19)

透闪石。圆柱形。高4.2、直径2.3、孔径0.6厘米。

玉管

(M200:32)

透闪石。圆柱形，束腰。高4.2、直径2.3、孔径0.9厘米。

玉环

(M 200：20)

透闪石。边缘略内凹，两面均有切割痕，其中一面还留有半圈管钻旋痕；中孔较大，为对钻孔，孔壁中部存有台痕，内壁有较浅的旋痕。直径4.2、孔径1.7~1.9、厚1.2~1.4厘米。

玉串饰

（M200：34～38）

共20件，有透闪石和阳起石。除M200：34-16
为玉圆牌外，其余为管、珠。其中，玉管为圆柱
形，粗细、高矮差异较大，高1.3～5.2、直径
0.7～1.4、孔径0.4～0.8厘米。玉珠呈腰鼓状，
高0.5～1、直径约0.6～1、孔径0.3～0.4厘米。

玉圆牌

（M200：34-16）

阳起石。器形扁薄，圆饼状，两面均有弧形切割痕；中心单面钻孔，孔壁修整光滑；边缘处有对钻小孔。直径4.9、中孔径1.7、厚0.3~0.4厘米。

玉锥形器

（M200：41）

透闪石。顶端呈尖锥形；尾端出凸榫，凸榫上有对钻穿孔；器身装饰有浮雕龙首纹。高6.1、直径约0.8厘米。

〔M200:41玉锥形器中段浮雕图案细部〕

● M200镯式玉琮出土情况

● "神徽"图案特写

镯式玉琮

(M 200 : 48)

透闪石。整器呈不规则筒形，琮体高度不匀且有多处凹缺；器周饰有四组对称的"神徽"图案，每组图案分布于近倒梯形的凸块内。高2.4~3.4、直径7.8、孔径5.6~5.8、厚1.2

● 镯式玉琮（M200：48）

玉镯

（M200∶50）

透闪石。圆筒形，镯体高度不匀且局部有凹缺；
孔对钻，内壁弧凸。高1.7~2、直径6.5、孔
径5.4厘米。

玉镯

（M200：58）

阳起石。圆筒形，孔对钻，内壁弧凸。高3.4、
直径7.4、孔径6厘米。

玉镯

（M200：66）

透闪石。圆筒形，两端有切割痕；孔对钻，内壁
弧凸。高3.2、直径7.5、孔径5.8~5.9厘米。

玉镯

（M200：70）

透闪石。圆筒形，外壁直；孔对钻，内壁弧
凸。高2.7~2.9、直径7.2、孔径5.5厘米。

玉镯

（M200：67）

透闪石。圆形，外缘鼓，内弧凸，孔对钻。高
1.3~1.4、直径6.4、孔径5厘米。

玉环

（M200：59）

透闪石。圆环形，器身厚薄不匀，边缘处外鼓；单面
钻孔。直径10、孔径5.7、厚0.3～1.1厘米。

玉箸形器

（M200：80）

阳起石。一组2件。箸形，两端略细，截面不规则，近圆形；尾端有对钻孔，顶端平整；器身中段有长条状切割痕。高18.1～18.7、直径0.9厘米。

玉匕形器

（M200：84）

阳起石。片状圆弧形，扁薄；两端宽窄有别，宽
的一端内侧以细线分隔出一方形区域；顶端有对
钻孔。高14、宽1.9、厚约0.6厘米。

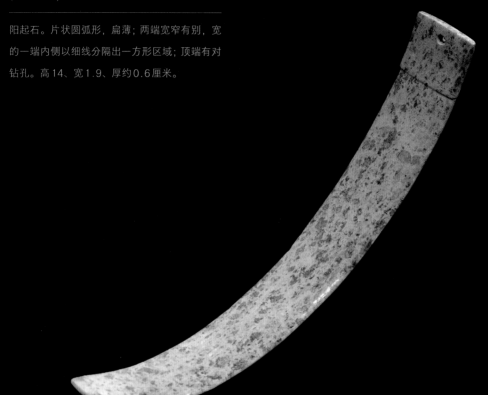

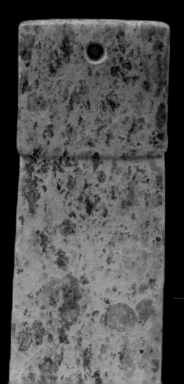

陶鼎

（M200：110）

夹砂红陶。口径14.5、高16.2厘米。

陶罐

（M200：111）

夹砂红陶。口径12.5、高17.3厘米。

陶豆

(M200 : 108)

泥质黑皮陶，黑皮脱落。口径18.5、高13.1厘米。

陶过滤器

(M200 : 112)

夹砂红陶。盆形，口沿上装盆形小漏斗。盆口径17.5、通高13.9厘米。

陶带甑鼎

(M200∶109)

夹砂红陶。鼎口径15、高16厘米，甑口径
15.8、底孔径7.5～8、高11厘米，通高25.8
厘米。

09YLYM149

● M149 全景
（由北向南）

● M149 器物出土情况

M149

　　M149 位于 M200 东南侧。长方形竖穴土坑墓，墓坑长 280、宽 122、存深 33 厘米。葬具为底部呈弧形的单棺。人骨已朽，南部残存部分牙齿。头向南，方向 176°。随葬品有陶、石、玉器等共计 48 件（组），均置于棺内；石钺柄部存朱漆痕。墓主为男性。

成组玉锥形器

(M149：1～7)

共7件，有透闪石和阳起石。出土于墓主头部附近。顶
端较尖，中段略鼓，截面近圆形；尾端收至略扁，无凸
榫，对钻孔。高8.7～12.6、直径0.5～0.7厘米。

玉冠状器

(M149：13)

透闪石。器形扁薄，倒梯形；顶部中央的"人"字尖较方钝，下有长条形镂孔；两侧边略向内弧收；底部出条状凸榫，凸榫上分布有三个对钻小孔。高2、顶宽5.8、厚0.4厘米。

〔玉冠状器器座的朱砂痕迹〕

玉三叉形器

(M149：16)

透闪石。"山"字形，中叉短，中叉上有对钻孔。
高3.5、宽5、厚0.8、孔径0.5～0.6厘米。

● M149 头端玉器
出土情况

玉管

(M149：17)

透闪石。呈不甚规则的三角柱状，三面都有
切割痕，圆弧倒角，对钻孔。高5.9、直径
1.8、孔径0.8厘米。

玉琮

（M149：31）

透闪石。内圆外方，上大下略小；对钻射孔，存对钻旋痕及微微交错的台痕；顶端和底端的射面近圆形；琮体分四面，有多处切割痕，每面中部有宽约1.5厘米的直槽，转角处各刻一组"神徽"图案。高约5、顶端射径7.3～8、底端射径7.1～7.9、射孔径6.2～6.4厘米。

〔中孔俯视〕

〔切割痕〕

玉柱形器

(M149：38)

阳起石。圆饼形，两面较平；上端略小，圆弧倒角，侧边较直，中心对钻孔。直径3.4~3.5、厚1、孔径0.3~0.5厘米。

玉锥形器

(M149：36)

透闪石。顶端较尖，中段略鼓，截面近圆形，局部有切割、打磨痕迹；尾端收至略扁，无榫，有对钻孔。高14.5、直径0.6厘米。

玉隧孔珠

(M149：15、20)

M149：15为透闪石。近半球形，球面抛光较好，背面对钻隧孔。高0.9、直径1.8、孔径0.3~0.4厘米。

M149：20为云母岩。近半球形，背面对钻隧孔。高0.5、直径0.9、孔径0.2厘米。

23

玉坠

(M149：39)

透闪石。截面近椭圆形，扁凸榫，榫上对钻孔。
高1.4、直径0.8厘米。

玉管串

(M149：23～27)

透闪石。M149：23呈三角柱状，其余近圆柱
形；均有对钻孔；部分有切割痕。M149：23高
4.4、直径1.2、孔径约0.7厘米。

鲨鱼牙一组

(M149：40～42)

残存表层牙冠或冠尖，中空，两侧呈细锯齿状。
残高1.2～1.5、宽0.9～1.5厘米。

石钺

（M149：29）

"风"字形。器体扁薄，受沁质松。顶端微弧，两侧
双面刃并有多处崩缺，底端双面弧刃；单面钻孔，
略有修整。高13.3、顶宽9.9、刃宽12.5、厚
0.4、孔径2.8～2.9厘米，漆柄痕长近50厘米。

● M149 石钺出土时
残见的柄部朱漆痕

石钺

(M149：28)

舌形。顶部略有崩缺，琢制不甚平整，较
厚，弧刃；双面对钻大圆孔，经打磨，较粗
糙。高17.4、顶宽12、刃宽14、厚1.4、孔径
4.4～4.6厘米。

陶缸

(M149：48)

夹砂红褐陶，胎质粗糙，包含大量粗砂粒。口径
25.8、高24.6厘米。

陶豆

(M149：46)

泥质黑皮陶。口径19.9、高12.5厘米。

陶鼎

（M149：47）

夹砂红陶。口径15.4、高14.6厘米。

陶罐

（M149：45）

夹砂红陶。口径9.3、高13.6厘米。

19YLYM547

● M547 全景
（由北向南）

M547

  M547 为环壕Ⅲ中的高等级墓。长方形竖穴土坑墓，长320、宽 145～165、存深 42 厘米。存棺椁的板灰痕迹；椁呈方框形；棺两端有挡板，底呈凹弧形，棺底板灰痕迹明显。人骨已朽，方向 177°。随葬品共计 30 件（组），均置于棺内。随葬玉璜、陶过滤器，不见玉三叉形器与钺，为女性墓。

● M547 玉器出土情况

玉冠状器

(M547：1)

透闪石。扁薄，倒梯形；顶部中央"人"字尖方钝，下有长条形镂孔；两侧凹弧，转角处斜弧内收；底部有条状凸榫，两端各有一对钻孔。高3、顶宽7.7、厚0.4、孔径0.2厘米。

玉璜

(M547∶15)

透闪石。扁薄，半璧形；顶部平直，中间有椭圆形凹缺，两边有对钻孔。高4.8、顶宽9.8、厚0.5厘米。

玉玦

(M547∶10)

阳起石。缺口断面有切割痕，中部管钻穿孔。直径5.1、孔径2、厚0.5厘米。

玉玦

(M547∶11)

阳起石。缺口略弯曲，中部管钻穿孔。直径5.2、孔径1.8、厚0.5厘米。

玉镯

(M547:18)

透闪石。直筒形，局部有切割打磨痕；中孔对钻、修磨而成。高3.1、直径8、孔径4.9~5.3、厚1.5厘米。

玉锥形器

（M547：12）

透闪石。尖端略钝，中段弧凸，截面近椭圆形，
尾端内收并对钻穿孔。高5.4、直径0.7厘米。

玉锥形器

（M547：19）

透闪石。尖端较钝，截面呈椭圆形，尾端内收并
对钻穿孔。高3、直径0.5厘米。

陶豆

(M547:23)

泥质褐胎黑皮陶，黑皮脱落。口径20、高11.1
厘米。

陶过滤器

(M547:25)

夹砂红褐陶。盆形，口沿上装盆形小漏斗。盆口
径16.6、通高14.8厘米。

陶缸

（M547：26）

夹砂红陶。唇缘较厚，破损严重。口径24.8、
残高18.9厘米。

M547 陶器

M547:24 陶盆 泥质褐胎黑皮陶。口径15.6、高5.8厘米。

M547:27 陶鼎 夹砂红陶。口径14.8、残高10.7厘米。

M547:28 陶罐 夹砂红陶。口径9.9、高16.2厘米。

M547:29 陶带甗鼎 夹砂红陶。鼎为卷沿，垂鼓腹。甗为圆鼓腹，
　　算孔残。鼎口径10.9、高13厘米，甗口径12.9、高10厘米，
　　通高22.3厘米。

19YLYM557

● M557 全景
（由北向南）

M557

M557 为环壕Ⅲ中的高等级墓，位于 M547 西南侧。长方形竖穴土坑墓，残长 300、宽 140～160、存深 43 厘米。存棺椁的板灰痕迹；椁呈方框形；棺两端有挡板，弧形棺盖，底呈凹弧形，棺底板灰痕迹明显。人骨已朽，存头骨与少量肢骨骨渣。头向南，方向 180°。随葬品共 19 件（组），均置于棺内。

玉饰组合
(M557：1～6)

该组合位于墓主头部，包括 19 件小颗的滑石管、1 件略长的滑石管、2 件玉管及 2 件玉隧孔珠。玉隧孔珠直径约 1 厘米，较高的玉管高 2.3 厘米。

玉镯

（M557：13）

阳起石。圆环形，端面有切割痕，中孔似为单面管钻后修磨而成。高1.5、直径7.6、孔径5.2~5.5厘米。

玉锥形器

（M557：12）

透闪石。首端尖，横截面近圆形，榫部有对钻孔。高9.4、直径0.7厘米。

石钺

（M557：10）

双面弧刃，两侧边上端厚，往下渐薄；单面钻孔，孔壁留有台痕和旋痕。高10.2、顶宽9.2、刃宽10.7、厚1.3、孔径1.9~3厘米。

● M557 石钺出土情况

石钺

(M557：11)

"风"字形。表面光洁。顶部有崩缺；有朱漆柄；双面弧刃，两侧边为双面钝刃；对钻孔，孔壁有旋痕。高13.1、刃宽10.3、厚0.9、孔径1.5~1.9厘米。

陶缸

(M557：18)

夹砂红陶。大敞口，尖圜底；器壁饰有绳纹。口径31、高22.8厘米。

M557 陶器

M557：15陶杯　泥质褐胎黑皮陶。口径11.8、高6.6厘米。

M557：16陶豆　泥质灰褐胎黑皮陶。口径21.4、高9.6厘米。

M557：17陶罐　夹砂红陶。口径15.5、高25.2厘米。

M557：19陶鼎　夹砂红陶。口径12.2、高14.6厘米。

M16

M16 为环壕 I 中的高等级墓。长方形竖穴土坑墓，残长 243、宽 130、存深 30～37 厘米。残存椁的板灰痕迹。人骨不存，方向 174°。随葬品存 41 件，玉器包括刻符璧、琮、蝉形饰、带钩等，多为滑石，另有粗制石钺 12 件、石镞 1 件。

玉琮

(M16：41)

滑石。两节，器近方柱体，上大下小；两端射孔呈圆角方形；对钻孔，孔壁留有明显管钻旋痕及台痕；四面中部各有一道直槽。高 5.5、上射孔径 3、下射孔径 2.6 厘米。

08YLYM16

● M16 全景（由西向东）

玉带钩

(MI6:II)

滑石。正面平整光滑，一端有单面钻孔，另一端的弯钩内留有明显的双向切割痕。长4.6、宽2、高2厘米。

玉挂饰

(M16：9)

滑石。扁长方体，正面略弧凸，背面于两端和中部各有一组隧孔。长3、高1.7、厚0.8厘米。

玉挂饰

(M16：17)

滑石。扁平，正面略鼓，背面平；顶端平直，底端圆弧；顶部有对钻孔。长4.3、宽2.2、厚0.4厘米。

玉挂饰

(M16：38)

滑石。扁平，正面略鼓，背面平；顶端平直，底端圆弧；顶部有对钻孔。长3.5、宽2.2、厚0.7厘米。

玉蝉形饰

(M16:8)

滑石。顶端平直，尾部尖圆，面弧背平，有大量磨痕；中部有一道凹槽；顶端有对钻孔，孔壁留有旋痕。长3.6、宽2.4、厚0.9厘米。

〔M16:8、23、37、39玉蝉形饰〕

玉端饰

（M16∶32）

滑石。扁方片形，背略弧；顶面斜弧，底面较平且切割有一道口宽底窄的凹槽，用于与其他器物嵌合。长4.8~5.3、宽3.5、厚1.3厘米，凹槽深0.7厘米。

管状玉端饰

（M16∶7、2、40）

大小不一，呈上小下大的管状。左一为M16∶7，上、下端面均有钻孔，内部连通；高3.2、下端直径2.1~2.7、孔径约0.8厘米。中间为M16∶2，上、下端面均有钻孔，内部不通；高2.8、下端直径2.1、孔径约0.5~0.8厘米。右一为M16∶40，上端有钻孔，向下未钻透，孔底留有一个小凸榫；高0.8、下端直径1.1、孔径0.4厘米。

刻符玉璧

(M16 : 22)

阳起石。制作规整，抛光精细。整器平整，中心略厚，边缘较薄，侧壁略内凹；中心对钻孔，孔壁经打磨，仅残留轻微的管钻旋痕，有交错的台痕。直径24.6、孔径5~5.3、中心厚1.6、边缘最薄处厚1.4厘米。

〔玉璧上可见两个刻划符号，刻痕均极浅。一个为侧边微内凹的框形符号；另一个为简化鸟形符号，位于侧壁。〕

石钺

(M16：4、14、21、24～26)

制作粗糙，平面呈舌形或长条形。高9.8～11.8厘米。

石镞

（M16：35）

柳叶形。尖残，截面近菱形，两侧锋为双面刃，中部有脊；尾端出铤。残高7.3、宽1.9、厚0.9厘米。

石钺

（M16：10、12、20、27、28、33）

制作粗糙，平面呈舌形或长方形。器形较小，高8.5～9厘米。

19YLYM531

● M531全景

（由北向南）

M531

M531 为环壕Ⅲ中的高等级墓。长方形竖穴土坑墓，长290、宽 132～146、存深 39 厘米。存棺椁的板灰痕迹；椁呈方框形；棺两端有挡板，底呈凹弧形，棺底板灰痕迹明显。人骨已朽，仅于南部残存头骨渣。头向南，方向 178°。随葬品共 55 件（组），均置于棺内；典型玉器有头部的成组玉锥形器、玉冠状器、玉三叉形器、玉璜等。墓主为男性。

● M531 头端玉饰出土情况

玉冠状器

(M531:7)

透闪石，透光。近倒梯形；顶部中央的"人"字尖方钝，下有长椭圆形镂孔；两侧边向内弧收；底部有弧形凸榫，凸榫中部有一个对钻小孔。高2.5、顶宽5.7、厚0.4厘米。

玉锥形器组

（M531：1）

透闪石。共3件，位于墓主头端。顶端收成
尖锥形，截面呈椭圆形，尾端对钻孔。高
4.5~4.9、直径0.6厘米。

玉锥形器

（M531：4）

透闪石。位于墓主头端，与M531：1略有间隔，
形制、尺寸相近。

玉三叉形器

(M531:2)

滑石。"山"字形,中叉较短,有对钻孔,两侧
叉的上端有隧孔。高4.9、上宽4.4、下宽1.6、
厚0.9厘米。出土时两叉中间有一玉管,应配套
使用。

〔三叉形器与玉管的组合〕

玉璜

(M531:8)

透闪石。器薄，半璧形，有较多切割痕；两端各
有对钻孔。高4.5、顶宽8.3、厚0.7厘米。

玉管

(M53I：5)

透闪石。圆柱形；对钻孔，孔壁有旋痕。高
7.6、直径1.4、孔径0.9~1厘米。

玉管

(M53I：6)

透闪石。圆柱形，略不规则；对钻孔，孔壁有旋
痕。高6、直径1.4、孔径0.7~0.9厘米。

玉管

(M53I：26)

透闪石。呈三角柱状，外壁有几处切割痕；对钻
孔，孔壁留有旋痕。高9.5、直径1.9厘米。

玉镯

（M531：38）

阳起石。厚重。圆筒形；中孔对钻，孔壁经修磨。
高3.4、直径10.1、孔径5.5~6、厚2.3厘米。

玉锥形器

（M531：41）

透闪石。顶端尖锥形，中段弧鼓，截面近椭圆
形；尾端有对钻孔。高6.1、直径0.7厘米。

玉柱形器

（M531：47）

透闪石。圆饼形，上小下略大，外壁微内凹；中
孔对钻，孔壁留有旋痕。高1.2、直径4.3厘米。

M531 玉串饰

透闪石。墓主头骨附近出土有较多管、珠类玉器。排列有序。最高的玉管高5厘米，玉珠高多在1厘米之内。

小玉珠串饰

(M531：36)

均非真玉，多为云母岩。出土于墓主左上肢处。玉珠为极小的扁鼓形，呈现多种色泽。直径均在0.6厘米之内。

石钺

(M531：29)

较厚重。顶微弧，双面弧刃；对钻孔壁留有旋痕，局部有台痕，另有大半个对钻孔与之相连。高10.7、顶宽6.6、刃宽7.6、厚1.4厘米。

石钺

(M531：46)

舌形，较厚重。顶微弧，双面弧刃；对钻孔壁留有旋痕，局部有台痕，残留少量朱砂痕。高16.8、顶宽6.3、刃宽8.1、厚1.7厘米。

石钺

(M531：37)

"风"字形，扁薄。顶弧，两侧边外撇，双面钝刃；下端双面弧刃，较锋利；对钻孔壁略有台痕。高17.6、顶宽13.3、刃宽16.9、厚0.6厘米。

陶缸

(M531:48)

夹砂红陶。喇叭形大敞口，尖圆底；器壁有绳
纹。口径41、高32.2厘米。

陶豆

(M531：49)

泥质褐胎黑皮陶。口径18.4、高17.6厘米。

陶罐

(M531：50)

夹砂红陶。口径16.8、高24.4厘米。

贯穿千年的
女性墓列

环壕Ⅰ内有一组南北向分布的贯穿良渚文化早晚阶段的高等级女性墓列，基本按照时代越晚位置越向北且等级逐渐降低的规律排布。

此墓列中，仅有M157西侧的M156是一座与前者共时的高等级男性墓。其余男性墓位于女性墓列两侧，等级普遍较低。

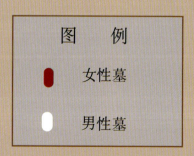

图　例

● 女性墓

○ 男性墓

● 女性墓列位置图

M209
M211
M152
M215
M216
M158   M159
M156   M157
M155

09YLYM155

● M155 全景
（由北向南）

M155

长方形竖穴土坑墓，长284、宽110～120、存深38厘米。葬具为一棺一椁，棺两端有挡板，椁室范围依稀可辨。人骨已朽，仅于南部残存部分散乱的牙齿。头向南，方向184°。随葬品共16件（组），均置于棺内。该墓属于玉架山遗址第二期。

玉冠状器

(M155∶5)

透闪石。扁薄，倒梯形；顶部的"人"字尖方钝，下有"十"字形镂孔，两侧边向内弧收并向底部斜折；底部有弧形短榫，榫两端各一对钻孔。高2.6、顶宽5.1、厚0.4厘米。

玉镯

(M155:9)

阳起石。圆环形，体厚重；一面平整，一面倾斜且局部缺料；对钻孔壁经修磨。高1.8~2.4、直径9.2、孔径5.3厘米。

M155 玉饰件

散见于墓内的玉饰件，包括玉珠、大小不等的玉管和玉坠，质地包含透闪石、阳起石、滑石等多种。其中M155:6玉坠呈水滴形，凸榫上对钻孔；高2.8、直径0.8厘米。

陶鼎

（M155:13）

夹砂红陶。口径12.2、高14.5厘米。

陶带甑鼎

(M155:16)

夹砂红陶。鼎口径18、高20.7厘米，甑口径
16.6、残高11.8厘米，通高29.6厘米。

陶豆

（M155：15）

泥质褐胎黑皮陶。口径21、高12.6厘米。

陶罐

（M155：12）

泥质褐胎黑皮陶。口径12.7、高17.5厘米。

M157

长方形竖穴土坑墓，长 356、宽 136～140、存深 52～55 厘米。残留棺椁的板灰痕迹；椁呈方框形；棺两端有挡板，底呈凹弧形。人骨已朽，仅于南端残存牙齿。头向南，方向 181°。随葬品共 51 件（组），陶盆位于棺椁之间，其余均置于棺内；存觚形的朱漆痕迹。该墓属于玉架山遗址第三期。

09YLYM157

● M156、M157 全景（由北向南）

M156

长方形竖穴土坑墓，长 320、宽 115～128、存深 32～35 厘米。残留棺椁的板灰痕迹；椁呈方框形；棺两端有挡板，平底。人骨已朽，仅于西南角残存牙齿。头向南，方向 178°。随葬品共 30 件（组），陶盆位于棺椁之间，其余均置于棺内；墓内随葬玉三叉形器、石钺。墓主可能为男性。该墓属于玉架山遗址第三期。

玉冠状器

(M157:27)

透闪石。扁薄,倒梯形;顶部较平,"人"字尖
微凸,下有圆形镂孔;两侧边向内斜收,下角内
凹;底部有条状凸榫,榫上对钻两孔;另有一孔
对钻于角部凹缺旁。高3.7、顶宽7.2、厚0.4
厘米。

玉冠状器

(M156:2)

阳起石。倒梯形；顶部中央的"人"字尖方钝，下有圆形镂孔；两侧边向内弧收，下角内凹；底部有条状凸榫，榫上有三个间距不等的对钻孔。高3.3、顶宽7.6、厚0.5厘米。

玉璜

（M157：29）

透闪石。扁薄，近半圆形；中部有半椭圆形凹缺，凹缺两侧各有对钻孔；两面均有多条切割痕。高6.5、顶宽15.2、厚0.4厘米。

玉三叉形器

(M156:3)

阳起石。半圆形；顶端平直，出三叉；正面微弧；
背面三叉部位和下端中部起凸块，每个凸块上下
钻有贯穿孔。高5.5、顶宽6.7、厚1.3厘米。

4

21

M157 头部玉饰组合

散布于墓主头部，部分玉饰间有一定的排列规律，可能存在多种配组形式。包括大小不等的玉珠、玉管、玉隧孔珠等，均为透闪石。其中M157:4、21玉管为粗圆柱体，呈青黄色，略透光；高2.2~2.3、直径约2厘米。

4

M156 头部玉饰组合

散布于墓坑南端，应为头饰的组成部分，分布略
分散，可能存在多种配组形式。管多为滑石，隧
孔珠均为透闪石。M156:4玉锥形器为透闪石，
榫部有对钻孔；高6、直径0.8厘米。

玉镯

(M157：30)

透闪石。一端略倾斜，一端平整；外壁微内凹；中孔内壁经修整微弧凸。高2.5~3、直径7.7、孔径5.5~5.6厘米。

玉环

（M156：18）

阳起石。圆饼形，边缘微弧凸；中孔较
大，孔壁经修磨。直径12.1～12.4、孔径
5.6～5.7、厚1.3～1.5厘米。

石钺

(M156：16)

角上存四分之一的钻孔，为残器的改制件。双面弧刃；对钻孔，有旋痕。高9.2、刃宽7、厚1.1厘米。

石钺

(M156：24)

"风"字形。顶端粗糙不平整，侧边较钝，双面弧刃；对钻孔，有旋痕。高13.3、顶宽8、刃宽8.9、厚1.1厘米。

陶带甑鼎

(M157：40、41)

夹砂红陶。鼎为釜形，喇叭形宽折沿，折腹；甑饰细腰沿，装有对称的鸡冠形錾。鼎口径18、高19.6厘米，甑口径17.6、高9.6厘米，通高26.5厘米。

M157 陶器

M157:37 陶豆　泥质褐胎黑皮陶。口径23、高10.4厘米。

M157:38 陶罐　夹砂红陶。口径10.6、高14.2厘米。

M157:39 小陶盆　泥质褐胎黑皮陶。口残缺。腹径11、残高4.7厘米。

M157:43 陶鼎　夹砂红陶。口径14.8、高15.6厘米。

M157:44 陶盆　泥质红陶。口径14.4、高11.2厘米。

陶盉

（M157：31）

夹砂红陶。圆鼓腹，两足间于口沿下方装有扁管状
流，另一侧装宽带状把手。口径10.8、高19厘米。

M156 陶器

M156:27 陶豆 泥质褐胎黑皮陶。口径19.6、高12.3厘米。

M156:28 陶鼎 夹砂红陶。口径20、高15.6厘米。

M156:29 陶尊 夹砂红陶。口径16、高24.9厘米。

M156:30 陶盆 泥质红陶。口径15、高8.6厘米。

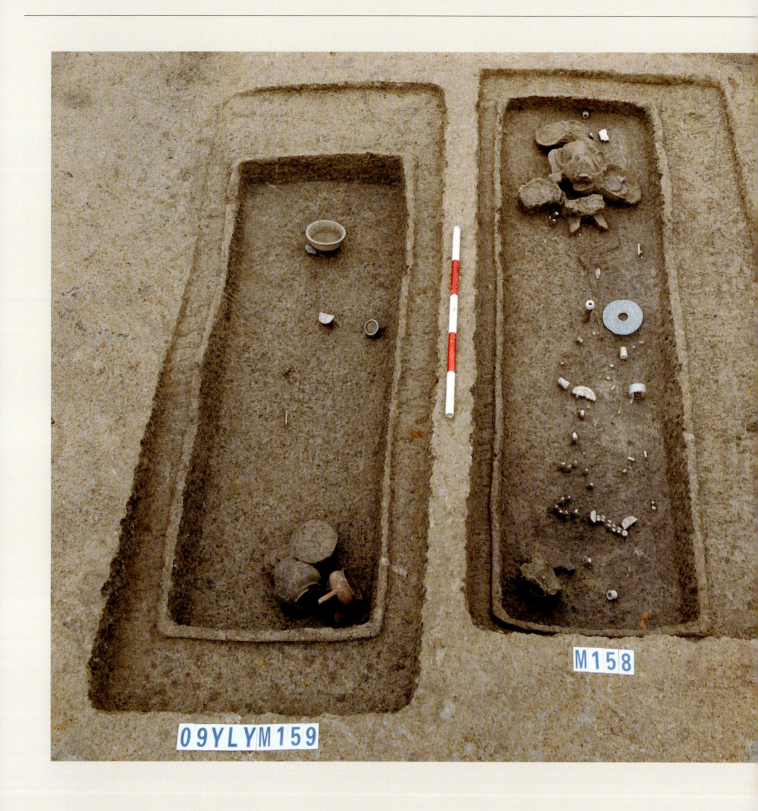

09YLYM159

M158

● M158、M159全景（由北向南）

M158

　　长方形竖穴土坑墓，长 300、宽 124～136、存深 11～37
厘米。人骨已朽，残见下肢骨痕迹。头向北，方向 1°。随葬
品共计 95 件（组），陶盆、玉柱形器等原应置于棺盖板上，
其余置于棺内；此墓出土玉端饰较多，分散在棺内各处。该
墓属于玉架山遗址第二期。

M159

　　长方形竖穴土坑墓，长 308、宽 110～120、存深 17～37
厘米。人骨已朽，残存牙齿痕迹。头向南，方向 180°。随葬
品共 14 件，均置于棺内。该墓属于玉架山遗址第二期。

玉冠状器

(M159:2)

透闪石。扁薄，倒梯形；顶部中央的"人"字尖较凸，其下有一错位对钻圆孔；两侧斜收，下角凹弧；底部有倒梯形凸榫，榫两端各有对钻孔。高4、顶宽5.3、厚0.5厘米。

玉冠状器

(M158:6)

透闪石。朽蚀严重。扁薄，倒梯形；顶部中央的"人"字尖较方钝，其下对钻圆孔；两侧斜弧内收，角凹缺；凸榫残，残剩两个仅存一半的对钻穿孔。高3.5、顶宽7.2、厚0.7厘米。

● M158 玉冠状器及玉组
佩出土情况（已朽粉）

玉组佩

(M158:5)

透闪石。共12件，包括M158:5-1扁玉管、M158:5-2～5-11玉管和M158:5-12玉璜。出土于墓主头部附近，有明显的组配关系。其中M158:5-1高1.2、直径2.1厘米。M158:5-12为半圆形，正面略弧凸；两边各有一个顶面和背面对钻的隧孔；高2.3、顶宽5.1、厚0.7厘米。

5-1

5-12

玉柱形器

（M158：1、2、78）

透闪石。共3件，分别出土于墓坑的南、北两端及中部。其中M158：1位于中部，距墓底23厘米，应置于棺上。均扁圆柱形，中部有对钻穿孔。高2~2.4、直径3.1~3.6厘米。

玉璜

(M158 : 31)

透闪石。扁薄，半璧形；正面略弧凸，背面略斜，整体略带曲度；顶部有半圆形凹缺，两侧各有一个对钻孔。高5、顶宽10.1、厚0.6厘米。

玉璜

（M159：7）

透闪石。扁薄，半
平整，边缘较薄；
有一对钻孔。高4.

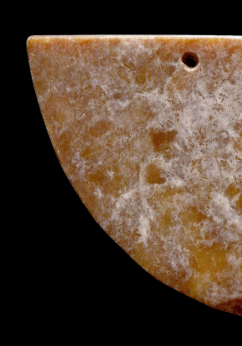

壁形；正面略弧凸，背面较

顶端有半圆形凹缺，两侧各

4、顶宽11.3、厚0.6厘米。

玉镯

(M158:35)

透闪石。出土时残留一节肢骨在其中。圆筒形；两端平整，外壁微内凹，打磨光滑；对钻孔经打磨修整。高3.8、直径约7~7.1、孔径约6~6.3厘米。

玉镯

(M159:8)

阳起石。细圆条形，外壁弧凸；对钻孔打磨光
滑。高0.9、直径6.9、孔径5.8厘米。

玉璧

(M158：46)

阳起石。圆饼状，表面有光泽，中部
略厚，边缘处微弧凸；对钻孔内壁经修
整。直径17.8、孔径4.2~4.6、厚
1.2~1.4厘米。

玉器背

(M158：76)

透闪石。扁薄，中部略厚，形状似冠状器；顶部中央有浅凹缺；底部有条形凸榫，凸榫内切割成"∧"形凹槽。高3.9、顶宽6.2、厚约0.8厘米。

玉端饰

(M158：26)

透闪石。上小下略大，有凸榫，底面略鼓。高
2.7、底径1.8厘米。

玉端饰

(M158：30)

透闪石。上小下大且微外撇，底端略鼓；顶端
制成台阶状，且由上向下钻有一约三分之一器
身高度的卯孔。高4.9、底径3、孔径1厘米。

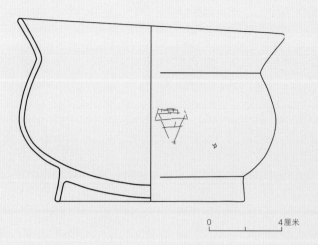

陶盂（M158：3）线图

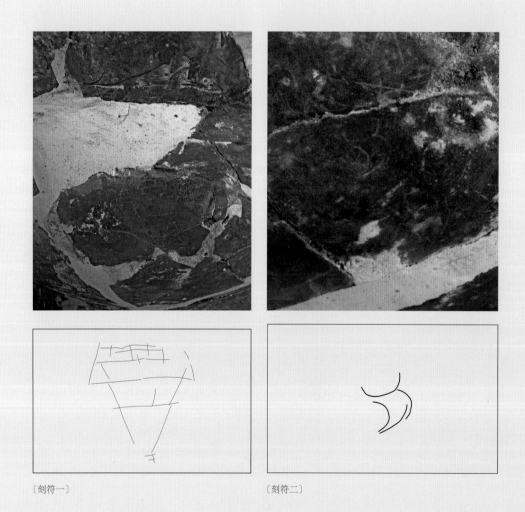

〔刻符一〕   〔刻符二〕

陶盂

(M158:3)

泥质黑皮陶。卷沿，扁鼓腹，矮圈足；腹中部
一侧依稀可见一组刻画符号，为烧后刻，形似
屋顶，间隔约3厘米处还可见半个旋形图案。
口径15.8、高10.1厘米。

M158 陶器

M158:55 陶鼎　夹砂灰褐陶。口径18、高14.9厘米。

M158:67 陶豆　泥质褐胎黑皮陶。口径19.4、高13厘米。

M158:70 陶小盂　泥质褐胎黑皮陶。口径10.2、高5厘米。

M158:71 陶罐　夹砂红陶。口径10.5、高21.3厘米。

M159 陶器

M159:1 陶圈足盘　泥质褐胎黑皮陶。口径 18.2、高 7.7 厘米。

M159:11 陶豆　泥质灰胎黑皮陶。口径 18.6、高 10.3 厘米。

M159:12 陶杯形豆　泥质褐胎黑皮陶。口径 10.8、残高 7.7 厘米。

M159:13 陶罐　夹砂红陶。口径 11.6、高 15.6 厘米。

M159:14 陶鼎　夹砂红陶。口径 13.7、高 12.5 厘米。

10YLYM216

● M216全景
（由北向南）

M216

长方形竖穴土坑墓，长 273、宽 102～116、存深 43～45
厘米。存葬具板灰痕迹。人骨已朽，仅存部分牙齿。头向南，
方向 182°。随葬品共 71 件，有部分玉器应为棺上装饰，后
塌入棺内。该墓属于玉架山遗址第二期。

玉冠状器

(M216：2)

透闪石。扁薄，倒梯形；顶部中央的"人"
字尖较方钝，其下有近菱形的镂孔；两侧斜
收，角凹弧；底部有倒梯形凸榫，两边各有
对钻孔。高 3.5、顶宽 5.9、厚 0.5 厘米。

玉串饰

(M216：3～14)

此为环绕于墓主头部的 12 颗滑石管，器形细
小，应为头饰中的一组。

玉璧

(M216：38)

阳起石。圆饼形，中间略厚，边缘渐薄，侧壁微弧鼓；对钻孔壁留有旋痕与台痕。直径15.4、孔径4.1～4.6、厚1.7厘米。

玉镯

（M216：35）

透闪石。圆筒形，对钻孔经打磨。高2.9、直径7.6、孔径5.8厘米。

玉锥形器

（M216：48）

透闪石。截面近圆形，顶端收尖，下段渐弧凸；尾端出柱状榫，对钻孔。高5.4、直径0.5厘米。

50

玉端饰组

(M216：50、53、58~60)

透闪石。集中分布于陶器堆旁，原应有若干件有机质器具。形制、种类不同，包括顶端带槽的片状端饰、带卯孔的亚腰截尖圆锥状端饰和带凸榫的柱状端饰。

53

〔M216：50片状端饰侧视〕
高1.8、底宽2、厚0.6~0.7厘米。

〔M216：53截尖圆锥状端饰侧视〕
高3.3、直径2.9厘米。

陶带甑鼎

(M216：61、62)

夹砂红陶。鼎为圆鼓腹；甑上部有对称的鸡冠形
双錾，箅部为圆孔。鼎口径10.8、高13.5厘
米，甑口径13.8、高7.5厘米，通高19厘米。

陶过滤器

(M216:65)

盆形，口沿一侧加装浅盆形小漏斗。盆口径 14.4、漏斗口径 5.1、通高 10.8 厘米。

M216 陶器

M216:52 陶盂　泥质灰胎黑皮陶。口径11.4、高7厘米。

M216:63 陶豆　泥质灰胎黑皮陶。口径16.8、高10.7厘米。

M216:64 陶鼎　夹砂红褐陶。口径16.2、高9厘米。

M216:66 陶鼎　夹砂红陶。口径12.8、高12.3厘米。

M216:67 陶罐　夹砂红陶。口径10.2、高14厘米。

M216:70 陶罐　泥质红陶。口径13.6、高12.4厘米。

10YLYM215

●M215 全景
（由北向南）

M215

长方形竖穴土坑墓，长 316、宽 136～137、存深 14～16 厘米。存框形葬具的板灰痕迹。人骨无存。方向 4°。随葬品 19 件（组），除 1 件陶簋位于棺外，其余均置于棺内。该墓属于玉架山遗址第三期。

● M215 玉璧出土情况

玉璧

(M215:1)

阳起石。圆饼形，中部略厚，侧壁微弧凸；对钻孔经修磨。直径20.2、孔径4.8~5.2、厚1.2厘米。

玉冠状器

（M215：2）

透闪石。方片状，倒梯形，较厚；顶部中央的
"人"字尖较方钝，微凸，其下无孔；两侧斜
收，下角略凹弧；底部有长方形凸榫，两端各
有对钻孔。高6.1、顶宽7.7、厚1.3厘米。

玉串饰

（M215：3）

透闪石。共22件，出土于墓主头端。部分莹
润，部分已朽白；包括腰鼓状玉珠和柱状玉
管。其中M215:3-20最高，高3.4、直径
1.6厘米。

3-20

异形玉佩饰

(M215:8)

透闪石。扁薄，呈斧形；顶端平，下有四个小孔。高2.9、顶宽4、厚0.5厘米。

玉锥形器

(M215:9)

透闪石。截面近圆形，较直；顶端收尖，榫部有对钻孔。高17.3、直径1.1厘米。

绿松石珠

(M215:10)

截面近圆形，外壁略弧凸；对钻孔壁有旋痕。高0.9、直径0.9、孔径0.4厘米。

陶豆

（M215：12）

泥质褐胎黑皮陶。口径20、高15.5厘米。

M215 陶器

M215：13 陶鼎　夹砂红陶。口径18、高14.5厘米。

M215：15 陶罐　夹砂红陶。口径9.5、高13.7厘米。

M215：16 陶盆　泥质褐胎黑皮陶。口径8.8、高5.8厘米。

M215：17 陶簋　夹砂红陶。口径19.4、高11.2厘米。

M215：18 陶过滤器　夹砂红陶。盆口径15.9、通高10.1厘米。

09YLYM152

●M152全景
（由南向北）

M152

长方形竖穴土坑墓，长255、宽74~78、存深15~29厘米。
人骨已朽。方向187°。随葬品15件，等级较低。该墓属于
玉架山遗址第三期。

玉管

(M152：2~5)

滑石。较集中地分布于墓坑南端。扁圆柱体，表面光滑，
孔壁有旋痕。高0.6~0.7、直径0.8~1厘米。

M152 陶器

M152：12 陶小盆　泥质褐胎黑皮陶。口径7.5、高4.5厘米。

M152：13 陶豆　泥质褐胎黑皮陶。口径19.9、高9厘米。

M152：14 陶鼎　夹砂红陶。口径14.8、高12.9厘米。

10YLYM211

●M211全景
（由北向南）

M211

长方形竖穴土坑墓，长256、宽76～77、存深9～19厘米。人骨已朽，仅存部分牙齿。头向南，方向187°。随葬品50件（组），玉器保存状况不佳，多朽烂。该墓属于玉架山遗址第四期。

玉串饰

（M211：1）

透闪石。共14件，出土时排列有序，其中2件玉管较大。M211：1-14，高2.3、直径1.3厘米。

玉镯

（M2II：2I）

透闪石。圆筒形，上、下端面较平直；对钻孔经修磨光滑，孔壁中部向内弧凸。高 3.4、直径 7.5、孔径 5.8~6.3 厘米。

玉锥形器

(M211：23)

透闪石。截面近圆形，体较直；顶端收尖，略残；榫部有对钻穿孔。高7、直径0.7厘米。

玉锥形器

(M211：33)

透闪石。截面近椭圆形，顶端收尖，中段弧凸；榫部有对钻穿孔，末端残留半个对钻穿孔。高3、直径0.7厘米。

玉璜

(M211：19)

透闪石。扁薄，半璧形；顶部较平，中部有
浅弧形凹缺，两侧各有一小孔。高4、顶宽
8.7、厚0.8厘米。

玉端饰

(M211：46、47)

透闪石。底端较平，上部有凸榫。
M211：46高2、M211：47高2.4厘
米，直径均1厘米。

陶带甑鼎

（M211：43、44）

夹砂红褐陶。鼎为深腹，圜底，下安三个凿形
足；甑为深弧腹，中部有方片状双錾，算部为
三等分式大孔。鼎口径15、高17.1厘米，甑
口径17.7、高9.5厘米，通高25.3厘米。

M211 陶器

M211：39陶盆　泥质褐胎黑皮陶。口径7.8、高4.8厘米。

M211：40陶豆　泥质褐胎黑皮陶。口径24.4、高9.5厘米。

M211：42陶鼎　夹砂红褐陶。口径17.1、高16.2厘米。

10YLYM209

● M209 全景
（由北向南）

M209

长方形竖穴土坑墓，长238、宽66~72、存深5~7厘米。

人骨已朽。方向177°。随葬品22件，等级较低。该墓属于

玉架山遗址第四期。

玉串饰

(M209:1~6、19~22)

均为滑石。集中分布于墓坑南端陶圈足盘附近，为头饰的组成
部分。除M209:20为较长的珠形，其余均为扁薄的小圆柱形。
M209:20高1.4、直径0.9厘米。

M209 陶器

M209:7陶圈足盘　泥质灰胎黑皮陶。口径22、高7.3厘米。

M209:14陶杯形豆　泥质褐胎黑皮陶。口径9.7、高8.6厘米。

M209:15陶罐　夹砂红褐陶。口径8.6、高11.5厘米。

M209:16陶豆　泥质褐胎黑皮陶。口径17.9、高12.5厘米。

M209:18陶盆　泥质陶。口残缺。残高8.6厘米。

多石钺墓

　　环壕III中部东西向排列的若干墓组中，良渚文化晚期阶段出现的随葬多件石钺的墓集中出现于中部与东部墓组，个别墓为其中等级较高者。

　　这种多件石钺随葬的现象在其他环壕内均有出现，是晚期玉架山聚落中一类特殊人群的标识。

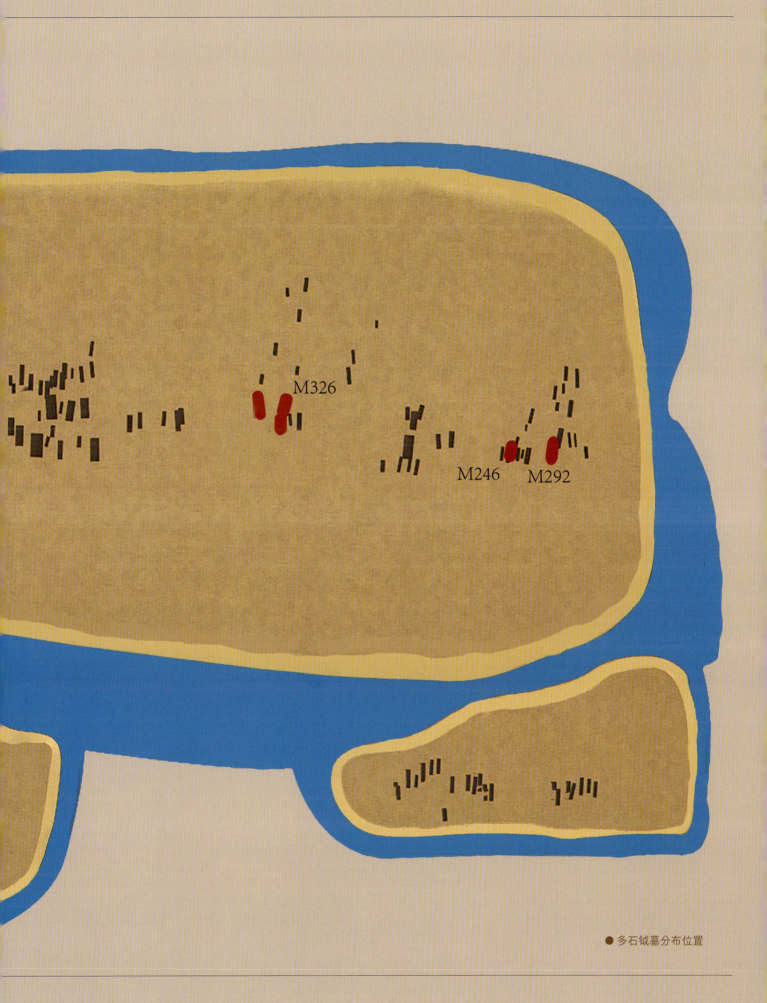

M326

M246　　M292

● 多石钺墓分布位置

12YLYM326

● M326全景
（由北向南）

M326

长方形竖穴土坑墓，长263、宽80、存深14～23厘米。存葬具痕迹。人骨已朽，仅见头骨与部分肢骨骨渣。头向南，方向182°。随葬品共31件，除玉锥形器外，包括冠状器在内的玉器均为滑石；随葬石钺8件、石镞1件。其中粗制石钺7件，大小不一，但形制较规整，集中堆放于墓主颈部；常规石钺1件，置于石钺堆北侧。该墓属于玉架山遗址第四期。

玉冠状器

(M326：2)

滑石。扁薄，倒梯形；顶端中央双重"人"字尖方钝，两侧斜收；近底端内收成榫状，榫部中间有对钻孔。高3.1、顶宽5.1、厚0.7厘米。

玉锥形器

（M326：5）

透闪石。截面近椭圆形，顶端收尖，榫部有对
钻孔。高8、直径0.6厘米。

石钺

（M326：17）

梯形，器形较薄。顶端微弧，双面平刃；钺
面较光滑；对钻孔。高13.5、刃宽11.6、厚
0.4厘米。

石钺

(M326:8)

粗制，形制规整。双面弧刃未经打磨，对钻孔。高15.4、刃宽10.6、厚1.2厘米。

石钺

(M326:10)

粗制，扁薄，形制规整。顶端略弧，双面弧刃未经打磨；对钻孔，略有错位。高10.8、刃宽7.1、厚0.6厘米。

石钺

(M326:11)

粗制，器形较小。顶部平直未打磨，双面弧
刃未打磨；对钻孔，孔径较大。高7.6、刃宽
6.8、厚1.1厘米。

石钺

(M326:14)

粗制，器形较小。顶微弧，双面弧刃；对钻孔，
孔径较大。高7.6、刃宽6.2、厚1厘米。

石钺

(M326：13)

粗制，器形较小。顶微弧，双面弧刃；对钻孔，孔径较大。高8.9、刃宽6.7、厚1.2厘米。

M326 陶器

M326:19陶杯　夹砂红陶。口径10.7、高8.1厘米。

M326:21陶豆　泥质灰褐胎黑皮陶。口径16.7、高13.7厘米。

M326:22陶鼎　夹砂红陶。口径15.6、高15厘米。

M326:23陶尊　夹砂红陶。口径15.9、高25.2厘米。

11YLYM246

● M246 全景
（由北向南）

M246

长方形竖穴土坑墓，长 237、宽 65～70、存深 15 厘米。人骨已朽，仅存头骨和部分肢骨。头向南，方向 184°。随葬品 23 件，仅有零星玉器；石钺共计 17 件，其中粗制石钺 16 件，大小、形制不一，沿墓主身躯左侧堆放；常规石钺 1 件，位于石钺堆北端。该墓属于玉架山遗址第四期。

石钺

（M246：20）

"风" 字形。顶部两角有崩缺；双面弧刃，刃部和两侧都有脊线；对钻孔。高 11.5、刃宽 6.6、厚 1.1 厘米。

石钺

(M246：8)

粗制。刃部未打磨；对钻孔，孔径细小。高
9.9、宽5.7、厚1.4厘米。

石钺

(M246：15)

粗制。双面弧刃，略出刃脊；对钻孔，孔径细
小。高9.3、刃宽6、厚1.7厘米。

石钺

(M246:13)

粗制，钺形薄石片。未钻孔。高6.6、宽
5.2、厚0.9厘米。

石钺

(M246:16)

粗制，长条形薄片状。孔细小。高8.8、宽
4.2、厚1厘米。

陶盆

(M246:1)

泥质灰褐胎黑皮陶。口径26.2、高9.4厘米。

陶豆

(M246:21)

泥质灰褐胎黑皮陶。口径17.9、高16.2厘米。

陶尊

(M246:23)

泥质褐胎黑皮陶。口径16.5、高24厘米。

11YLYM292

● M292 全景

（由北向南）

M292

长方形竖穴土坑墓，长 290、宽 126～136、存深 22～30
厘米。存棺椁的板灰痕迹；椁呈方框形，棺两端有挡板，棺
室中部有凹陷的盖板痕迹；底呈凹弧形，棺底板灰痕迹明显，
棺椁南端挡板已贴合难分。人骨已朽，仅见头骨与部分肢骨。
头向南，方向184°。随葬品共 24 件，陶杯 1 件置于棺盖上，
其余置于棺内。随葬大量石器，包括石钺 10 件、石镞 1 件；
其中粗制石钺 9 件，大小不一，但形制较规整，沿墓主身躯
右侧堆放；常规石钺 1 件，置于左侧。该墓属于玉架山遗址
第四期。

● M292 石钺出土情况

玉锥形器

(M292:3)

透闪石。截面近圆形，顶端收尖，榫部
有对钻孔。高6.1、直径0.6厘米。

石钺

(M292:19)

"风"字形。顶端弧凸，双面弧刃；孔似单面
钻后于另一面略经修磨而成。高14.8、刃宽
9.2、厚1.2厘米。

石钺

(M292:10)

顶端微弧，双面弧刃，未经打磨；对钻孔，孔
径细小，孔壁有旋痕。高11、刃宽8、厚1.4
厘米。

石钺

(M292:14)

顶端较窄，双面弧刃，未经打磨；对钻孔，孔
径细小，孔壁有旋痕。高9.6、刃宽6.4、厚
1.1厘米。

石钺

(M292:15)

双面弧刃，未经打磨；对钻孔，孔径细小。
高7.1、刃宽4.8、厚0.8厘米。

M292 陶器

M292:21 陶杯　泥质褐胎黑皮陶。口径 7.9、高 5.2 厘米。

M292:1 陶杯形豆　泥质黑皮陶。口径 9.2、高 10 厘米。

M292:2 陶簋形杯　夹砂红陶。口径 10.9、高 6.9 厘米。

陶尊

（M292：23）

泥质褐胎黑皮陶。口径18、高25.8厘米。

17YLYM432

● M432 全景
（由北向南）

M432

位于环壕 V 中部墓组。长方形竖穴土坑墓，长 210、宽 54～58、存深 17 厘米。人骨已朽。方向 200°。随葬品共 23 件，仅有零星玉器；随葬大量石器，包括粗制石钺 15 件、石镞 2 件及石刀 1 件。粗制石钺大小不一，造型规整与不规整者参半，沿墓主躯干左侧堆放；1 件石镞位于石钺堆中，另 1 件位于陶鼎下；石刀为耘田器形，两翼不全，可能是由残件改制成接近石钺的造型，以替代常规石钺随葬。该墓属于玉架山遗址第四期。

● M432 多件粗制石钺及
   7 号石镞出土情况

石镞

(M432：20)

柳叶形。尖微残，截面近菱形，中部有脊线，侧锋为双面刃；下部有铤。高 6.5、宽 1.8、厚 0.7 厘米。

石刀

(M432：18)

薄片状。双面弧刃；顶内凹，有较多琢打痕，两翼断茬似经特意改制而成；单面钻孔。高 6、宽 10.8、厚 0.3 厘米。

石钺

(M432:8)

舌形，制作粗糙。顶微弧，双面弧刃；孔不
规则，凿打加桯钻而成。高8.6、刃宽5、厚
1.1厘米。

石钺

(M432:9)

舌形，制作粗糙。顶端较平，双面弧刃，未经
打磨；两侧边微束；孔不规则，凿打加桯钻而
成。高7.2、刃宽5.1、厚1厘米。

石钺

(M432:3)

近舌形，制作粗糙。顶端较平，双面弧刃，未
经打磨；对钻孔，孔壁有凿打痕。高9.4、刃
宽7、厚1厘米。

石钺

(M432:4)

近舌形，制作粗糙，器形较小。顶微斜，双面弧刃，未经打磨；对钻孔，孔径细小，孔壁有旋痕。高5.6、刃宽4.7、厚0.9厘米。

石钺

(M432:15)

圆角长方形，制作粗糙。未开刃；孔为双向凿打桯钻而成，孔径细小。高6.2、刃宽3.7、厚1.2厘米。

石钺

(M432:13)

"风"字形，制作粗糙。顶微弧，双面弧形钝刃；孔不规则，为双向凿打桯钻而成。高7、刃宽5、厚1.2厘米。

M432 陶器

M432:19 陶杯 泥质红胎黑皮陶。口径10.4、高6.8厘米。

M432:21 陶鼎 夹砂红陶。口径18.4、高15.7厘米。

M432:22 陶豆 泥质灰褐胎黑皮陶。口径16.4、高20.5厘米。

M432:23 陶尊 泥质灰褐胎黑皮陶。口径16.8、高27.7厘米。

三个个例墓

一棺一椁

M282

　　长方形竖穴土坑墓，长 305、宽 134～144、存深 17～20 厘米。清理中可见向棺室中部凹陷的盖板痕迹。葬具为一棺一椁。椁呈方框形，解剖时未见底板痕迹；棺两端有挡板，北端挡板明显向内倾斜，底呈凹弧形，棺底板灰痕迹明显。椁长约 257、宽 105～108 厘米，棺长 245、宽约 82 厘米。人骨已朽，仅见头骨与部分肢骨。头向南，方向 185°。随葬品共 53 件（组），多件玉管及 1 件陶盆出土于棺椁之间，其余均置于棺内。18 号石钺下压玉锥形器 1 件，其凸榫端有朱漆的杆痕。墓主应为男性。

● M282 塌陷的葬具盖板痕迹（由西向东）

● M282 凹弧形棺底及盖板与人骨的叠压关系（由南向北）

M282

11YLYM282

● M282 全景
（由北向南）

● 叠压于头骨下的玉器出土情况

玉管

(M282：41)

滑石。圆角方柱体，外壁有切割痕，对钻孔壁
有旋痕。高3.8、最大外径1.2厘米。

带朱漆杆的玉锥形器

（M282：20）

透闪石。截面近圆形，顶端收尖；尾端出榫较长，无钻孔。高6.6、榫长1.3、直径1厘米。

玉锥形器

（M282：38）

透闪石。截面近椭圆形，顶端收尖，中下段微鼓，榫部有对钻孔。高8.6、直径0.8厘米。

石钺

（M282：18）

顶部微弧，粗糙未打磨；双面弧刃，侧边从
上往下渐薄；对钻孔。高16、刃宽13.2、厚
2.2厘米。

石钺

(M282：24)

"风"字形。顶部平直，双面弧刃，四边均有
脊线；对钻孔。高16.8、刃宽12.2、厚1.1
厘米。

陶豆

（M282：27）

泥质褐胎黑皮陶。口径20.6、高8.5厘米。

陶盆

（M282：42）

泥质灰胎黑皮陶。口径16.2、高11厘米。

遍髹朱漆

长方形竖穴土坑墓，长 260、宽 96～103、存深 19～25 厘米。残见框形葬具的板灰痕迹。朱漆痕迹几乎遍布墓底，覆盖于部分人骨和器物上。人骨已朽，仅存部分头骨与肢骨。头向南，方向 181°。随葬品 11 件。

● M195 全景（由东向西）

● M195 墓室内的朱漆
　痕迹（由北向南）

玉锥形器

(M195：1)

透闪石。截面近椭圆形，顶端逐渐收尖，中段微鼓，榫上对钻孔。高5.5、直径0.5厘米。

玉锥形器

(M195：2)

透闪石。截面近椭圆形，顶端逐渐收尖，体较直；尾端平，无榫，对钻孔。高6.5、直径0.5厘米。

玉锥形器

(M195：6)

透闪石。截面近长方形，顶端收尖，体较直；尾端略残，无榫，对钻孔。高4.4、直径0.5厘米。

玉冠状器

(M195:3)

阳起石。宽扁的倒梯形；顶部中央有"人"字
尖，下部有长条形镂孔；两侧微凹；底中部有
一弧拱的凹缺，榫两端的对钻穿孔上下参差不
齐。高2.2、顶宽5.7、厚0.4厘米。

玉管

(M195:4)

透闪石。呈三角柱状，对钻孔。高4、直径
1.3厘米。

陶鼎

(M195:9)

夹砂红陶。口径12.4、高12.6厘米。

陶豆

(M195:8)

泥质褐胎黑皮陶。口径22.3、高11.7厘米。

陶罐

(M195:10)

泥质褐胎黑皮陶。口径10.2、高14.5厘米。

陶杯

(M195:11)

泥质褐胎黑皮陶。口径8.9、残高10.3厘米。

与玉同归

M273

长方形竖穴土坑墓，长 175、宽 62 ~ 67、存深 10 厘米。
仰身直肢葬，肢骨的保存状况尚可，下颌骨翻转至头顶部，
并卡入一块大玉料。墓主为男性。头朝南、面朝东，方向
181°。随葬品 10 件。下颌骨中的玉料原可能枕于墓主头部，
后因骨骼分离，下颌骨发生位移后恰好卡入。

● M273 随葬玉料出土情况

● M273 全景
（由北向南）

11YLYM273

玉料

（M273∶2）

透闪石，浅青黄色。形状不规则，一侧较平
整，有打磨痕迹；另一侧隆起，半边光滑，半
边有较多凹缺；未见切割取料的痕迹。平置高
度8.6、宽16.4厘米。重2千克。

玉锥形器

(M273：6)

透闪石。截面近圆形，顶端呈尖锥形，中段较
直；尾端有凸榫，对钻穿孔。高8.6、直径约
0.8厘米。

玉冠状器

(M273：1)

透闪石。扁薄，倒梯形，顶部中央为双重方钝
的"人"字尖，上重"人"字尖的加工痕极浅；
两侧向内斜收，下角凹缺；底边出凸榫，凸
榫中部有一对钻穿孔。高3.7、顶宽7.2、厚
0.5厘米。

石钺

(M273：4)

局部含有叶蜡石成分。舌形，体较厚。顶部微弧，双面弧刃，对钻孔内壁经打磨。高15.9、刃宽10、厚1.7厘米。

石钺

(M273：5)

铲形，扁薄。有双肩，刃部崩缺，单面钻孔内壁留有旋痕。高16.8、刃宽13.7、厚0.7厘米。

陶鼎

(M273:9)

夹砂褐陶。口径13.8、高14.2厘米。

陶豆

(M273:8)

泥质灰褐胎黑皮陶。口径18、高12.7厘米。

玉架山考古精粹

玉架山

物与工

玉 器

玉人

（M308：2）

透闪石。器形扁薄，呈侧身人形，五官、身躯可辨，似作蹲踞状。应为插件。尾端内收出榫，榫部镂刻一个弧边三角形。高3.8、宽1.4、厚0.4厘米。

玉龙

(M384：4)

透闪石。圆环形，顶部两侧有角，下方阴刻眼形，底部有凸出吻部；对钻孔。高1.9、宽1.9、厚1.7、孔径0.7厘米。

玉玦

(M550：21)

透闪石。扁薄，形如单眼，眼睑尖锐；对钻孔
经修磨；一侧尖角下有缺口与中孔相通。长
4.4、宽3.3、厚0.6厘米。

玉冠状器

(M194：2)

透闪石。扁薄，顶部斜弧，底部平直；"山"字形与阴线刻纹组成简化神徽纹样；底部两侧各有对钻孔。高1.1、宽3.5、厚0.3厘米。

玉冠状器
(M203：9)

透闪石。扁薄，倒梯形；顶部中央"人"字尖
方钝，下有不规则椭圆形镂孔；两侧微外弧；
底部出条形榫，两侧各有对钻孔。高2.5、顶
宽7.1、厚0.5厘米。

玉冠状器
(M198：4)

透闪石。扁薄，倒梯形；顶部中央"人"字尖
为半圆形，下有圆形穿孔；两侧向内弧收，下
角凹弧；底部内收出条形榫，有两个对钻孔。
高2.1、顶宽4.5、厚0.4厘米。

玉冠状器

(MII：4)

透闪石。扁薄，倒梯形；顶部中央"人"字尖方钝，下有椭圆形镂孔；两侧较斜直；底部内收出长条形榫，有三个对钻孔。高2.9、顶宽6.4、厚0.3厘米。

玉冠状器

(M23:9)

透闪石。扁薄,倒梯形;顶部中央有"人"字尖,下有长条形镂孔;两侧较直、略内凹;底部内收出长条形榫,有三个对钻孔。高2.6、顶宽6、厚0.4厘米。

玉冠状器

(M533:8)

透闪石。扁薄,倒梯形;顶部中央"人"字尖方钝,下有椭圆形镂孔;两侧较直、微内弧,下角凹弧;底部内收出长条形榫,两端有对钻孔,一侧残。高3.3、顶宽6、厚0.4厘米。

玉冠状器

(M202：8)

透闪石。扁薄，倒梯形；顶部中央"人"字尖较方钝，下有圆形镂孔；两侧向内弧收，下角凹弧；底部内收出长条形榫，有三个对钻孔。高4.1、顶宽7.3、厚0.6厘米。

玉冠状器

(M213:5)

透闪石。从上往下渐薄，倒梯形；顶部中央"人"字尖较方钝，下有圆形镂孔；两侧略斜，下角凹弧；底部内收出长条形榫，有三个对钻孔，一侧残。高3.9、顶宽6.5、厚0.6厘米。

玉冠状器

(M550:17)

透闪石。扁薄，倒梯形；顶部中央为双重"人"字尖，下有菱形镂孔；两侧斜直，下角

玉冠状器

(M1I2∶1)

透闪石。器身中部略厚，倒梯形；顶部中央有"人"字尖，下方有三角形镂孔；两侧向内弧收，下角凹弧；底部内收出长条形榫，榫较高，局部残缺，两端各有一对对钻孔。高3.3、顶宽6.3、厚0.4厘米。

玉冠状器

(M559:3)

透闪石。扁薄，倒梯形；顶部中央"人"字尖方钝，下有不规则的椭圆形镂孔；两侧微斜弧，下角凹弧；底部内收出长条形榫，两端有对钻孔。高3、顶宽6.3、厚0.4厘米。

玉冠状器

（M20：7）

透闪石。从上往下渐薄，倒梯形；顶部中央"人"字尖
方钝，下有圆形镂孔；两侧较直、微内斜，下角凹弧；
底部内收出长条形榫，有三个对钻孔。高3.8、顶宽
8.2、厚0.6厘米。

玉三叉形器

（M533：5）

透闪石。扁薄，底部圆弧，中叉短；中叉有对
钻孔，底部有未贯通的小孔。高3.7、顶宽
6.1、厚0.8厘米。出土时靠近中叉上端有一
玉珠与其配套使用。

〔俯视〕

玉三叉形器

（M23：5）

透闪石。"V"字形，底部厚实；双叉上及底部有对钻孔。高4、宽7.5、左右双叉顶部厚0.5、底部中叉厚1.2厘米。

玉锥形器

(M23：3)

透闪石。截面呈椭圆形，较细；顶部略残；尾端渐收扁，无榫，有对钻孔。残高6.6、直径0.6厘米。

玉锥形器

(M23：32)

透闪石。截面呈椭圆形，顶端收尖，中段略粗；尾端渐收扁，无榫，有对钻孔。高5、直径0.6厘米。

玉锥形器

(M23:7)

透闪石。截面近椭圆形，顶端收尖，中、下段略鼓；尾端渐收扁，无榫，有对钻孔。高6、直径0.7厘米。

玉锥形器

(M23:4)

透闪石。截面近三角形，顶端收尖，中、下段略粗；尾端渐收扁，无榫，有对钻孔。高5.5、直径0.6厘米。

玉锥形器

(M10:8)

透闪石。截面近椭圆形，顶端收尖，中段略鼓；尾端渐收扁，无榫，有对钻孔。高5.6、直径0.8厘米。

玉锥形器

(M11:2)

透闪石。截面呈不规则椭圆形，顶端钝；尾端收成楔形，有对钻孔。高4.3、直径0.6厘米。

琮式玉锥形器

（M202∶23）

透闪石。锥体呈圆角方柱状；顶端收尖，中、下段略弧凸，饰有浮雕神徽图案，较简化；尾端出短柱状榫，有对钻孔。高4.9、直径1.1厘米。

玉锥形器

(M357：5)

透闪石。截面呈不规则形，顶端呈扁锥状；尾端渐收扁，无榫，有对钻孔。高5.1、直径0.7厘米。

玉锥形器

(M533：52)

透闪石。截面近椭圆形，顶端收尖，中段略鼓；尾端出榫，有对钻孔。高7.7、直径0.9厘米。

玉锥形器

(M533：7)

透闪石。截面近方形，顶端呈四角锥尖；尾端出尖锥形榫，有对钻孔。高3.6、直径0.6厘米。

玉锥形器

(M24∶1)

透闪石。截面近圆形，顶端收尖；尾端出榫，
有对钻孔。高4.5、直径0.6厘米。

玉锥形器

(M20∶28)

透闪石。截面近椭圆形，顶端收尖，中段微鼓；
尾端出榫，有对钻孔。高5.9、直径0.7厘米。

玉锥形器

(M559：1)

透闪石。截面近椭圆形，顶端收尖，上部细，中、下段弧凸；尾端出榫，有对钻孔。高8.3、直径0.8厘米。

玉锥形器

(M145：5)

透闪石。截面近圆形，顶端收尖；尾端出圆锥形榫，根部略收，无孔。高8.6、直径0.8厘米。

玉锥形器组

（M503：5、14、4）

3件，其中M503：5为阳起石，另两件为透闪石。均出土于墓主头骨附近，最长的14号与另外两件相距略远，应为成组使用。形制相似，顶端收尖，体较直，尾端出榫且有对钻孔。M503：14高8.9厘米，其余两件分别高5.6厘米和6厘米，直径0.6~0.7厘米。

14

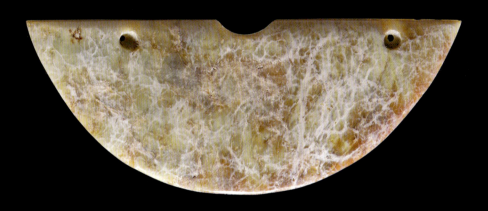

玉璜

(M148:8)

透闪石。半璧形；顶部中间有圆弧形凹缺，两侧

各有对钻孔。高3、顶宽7.5、厚0.4厘米。

玉璜

(M198：12)

透闪石。半璧形；顶部中间有圆弧形凹缺，两
侧各有对钻孔；正面略弧，背面较平直。高
3.3、顶宽8.4、厚0.8厘米。

玉璜

（M10∶6）

透闪石。半璧形；顶端略厚，顶部中间有圆
弧形凹缺，两侧各有对钻孔。高4.3、顶宽
10.8、厚0.6厘米。

玉璜

(M342：2)

阳起石。圆角方片形；顶端平直，中部有弧形小凹缺，两侧近边缘各有小穿孔；底边中段呈双面刃状。高5、顶宽8.6、厚0.6厘米。

玉璜

(M9:3)

透闪石。半璧形，上厚下薄；顶端平直，中部
有弧形小凹缺；背面较平，两侧有隧孔。高
3.8、顶宽6.1、厚0.8厘米。

玉璜

（M558：8）

透闪石。半璧形，中部略弧凸；顶部中间有半圆弧形凹缺，两侧各有对钻孔。高5、顶残宽8.8、厚0.7厘米。

玉璜

（M533：32）

透闪石。两段，茬口可相接，为玉镯的改制件。其中一段两端均切割有凹槽，另一段一端切割有凹槽，接茬处为对钻孔，通过穿孔和凹槽可以将两段璜相接。原镯形直径约5.7、高0.7厘米。

玉璜

(M337:4)

透闪石。弧形条状,顶端两侧中部各有对钻
孔。高2.6、顶宽7.6、厚0.5厘米。

玉璜

(M 213∶9)

透闪石。圆弧形；顶平直，中部弧形凹缺宽且浅，两侧各有小穿孔；两面均有切割痕。高2.2、顶宽7.6、厚0.4厘米。

玉璜

（M503：3）

阳起石。半璧形；顶端平直，中部双向管钻大半个圆孔，两侧各有对钻孔。高4.4、顶宽11.4、厚0.4厘米。

玉牌饰

(M197:8)

滑石。半圆形；顶端较平直，两端各有对钻
孔。高3.6、宽5.5、厚0.7厘米。

玉牌饰

（M26:7）

似石料。半圆形；正面略弧凸，背面略凹；两边各有对钻孔，背面于孔内侧各有一隧孔。高3.2、宽6.2、厚0.4~0.5厘米。

玉琮

（M21：Ⅱ）

滑石。出土于墓坑南端的棺椁痕迹之间，
作为玉柱形器使用。整器为上大下小的方
状，分二节，射面平整，四面有直槽；四角
画有"潦草"的"神徽"图像；中部有单面
钻穿孔，孔壁内旋痕清晰。高7.5、上射面
5~5.3、下射面宽4.7~4.8、孔径2.2~
厘米。

玉琮

（M21:12）

滑石。出土于墓坑北端的椁外侧，应作为玉柱形器使用。形同M21:11。高7、上射面宽5.4、下射面宽4.4~4.6、孔径2.5~3.2厘米。

琮式玉管

(M481:11)

透闪石。截面近方形，四节，素面无纹；上、下两端有圆形射孔，中孔对钻。高5、射径2.3、孔径1厘米。

琮式玉管

（M503∶1）

透闪石。截面近方形，上大下略小；四节，无射孔；中孔对钻，上下有错位，孔壁有旋痕。高4.3、上宽约1.5、下宽约1.4、孔径0.8~0.9厘米。

玉璧

(M64:3)

———————————

阳起石。圆饼形，扁平规整，抛光精细，外壁
较直；对钻孔内壁略经打磨，有明显台痕。直
径22.2、孔径4~4.3、厚0.9~1.4厘米。

玉环

(M23 : 25)

透闪石。圆环形，一侧略厚，另一侧逐渐变薄；中部大圆孔似单面管钻后经修磨而成。直径10.2、孔径5.6~5.8、厚0.9~1.4厘米。

玉镯

(M8:3)

透闪石。扁圆筒形，外壁内凹，内壁微凸，
厚薄不匀；对钻孔。高1.2~1.4、直径
4.2~4.3、孔径4.2、厚约0.7厘米。

玉镯

(M11:6)

透闪石。扁圆筒形，外壁微外弧，内壁微凸；对钻孔。高1.3、直径5.5、孔径3.8、厚约0.4～0.5厘米。

玉镯

(M355:4)

透闪石。扁圆筒形，外壁较直；对钻孔经打磨，光滑。高1.4、直径7.6、孔径6、厚约0.6～0.8厘米。

玉镯

（M358：1）

透闪石。细圆环形，外壁弧凸，对钻孔经打磨。高 1.1～1.2、直径 7.9、孔径 5.8 厘米。

玉镯

（M503：15）

阳起石。扁圆筒形，较厚重，对钻孔经打磨。高 2.6、直径 9.2、孔径 6 厘米。

玉镯

(M533：49)

透闪石。圆筒形，对钻孔经打磨。高2.3、直
径7.2、孔径5.2~5.4厘米。

● M533：49玉镯出土
时环于墓主臂部

23-9

玉串饰

（M23：23）

透闪石。出土于墓主上肢左侧，共12件。除
M23：23-9为玉管外，其余均为鼓形玉珠。玉
管高2.7厘米。

玉饰组合

（M23：13～20、22）

透闪石。出土于墓主上身部位，共9件。其中
玉管2件，高约3厘米，其余多为高0.5～1
厘米的圆形或鼓形小玉珠。

玉饰组合

（MⅡ：1）

透闪石。出土于玉冠状器附近，应为头饰的组成部分。共11件，形制、大小各异，最小的扁玉珠仅高0.3厘米；玉隧孔珠为半圆球状，直径1.3厘米；较高的玉管有2件，高2厘米左右。

21

玉璜组佩

(M20：8、21)

透闪石。出土时玉管串（M20：8）于玉冠状
器附近大致成双排有序排列，高1.3～1.8厘
米，直径约1厘米，为头饰或项饰的组成部
分。近旁有玉璜1件（M20：21），宽11.8厘
米，朽损严重，与玉管串组合使用。

玉串饰

(M186:6)

透闪石或云母岩。一组共51件。其中，除圆柱形玉管M186:6-1和腰鼓形玉珠M186:6-26、35超过1厘米外，其余均为扁小的玉珠，高0.3~0.5厘米、直径0.5~0.6厘米。

玉串饰

(M198:3)

出土时环绕于墓坑南端的陶圈足盘附近，共24颗。除M198:3-5为透闪石外，其余均为滑石；为高矮不一的圆管状，透闪石玉管高1.4厘米。

玉钺

(M542:1)

透闪石。"风"字形。顶端斜直，双面弧刃，刃部略有崩缺；钺面打钻孔，孔壁有旋痕。高11、刃宽8厘米。

〔顶部切割痕〕

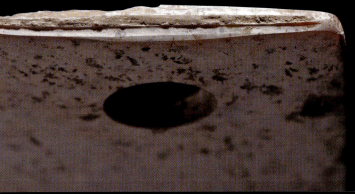

玉钺

(M141：13)

滑石。扁薄，"风"字形。顶端斜直，双面弧刃，中部略厚；对钻孔。高8.8、刃宽7.3、厚0.5厘米。

〔玉钺顶视〕

石 器

石钺

(M74：4)

"风"字形。有双肩，双面直刃；钺面打磨光滑；单面管钻孔，孔壁有旋痕。高12.3、刃宽10.1、厚0.9厘米。

石钺

（M102∶2）

"风"字形。顶斜直，有双肩；双面直刃，刃部有多处崩缺；钺面打磨光滑；单面管钻孔，另一面琢打。高19.5、刃残宽13.1、厚1厘米。

石钺

(M187：6)

"风"字形、大而扁薄。顶斜弧，有双肩；双面弧刃；对钻孔，孔壁有旋痕。高19.8、刃宽19.2、厚0.6厘米。

石钺

(M416:12)

"风" 字形。顶端较粗糙，有琢打痕；双面弧
刃，有较模糊的刃脊线；对钻孔。高15.8、
刃宽10.1、厚1.1厘米。

石钺

(M191∶1)

"风"字形。顶部粗糙未打磨，有琢打痕；双面弧刃；对钻孔，孔壁有旋痕。高15.7、刃宽10.7、厚0.7厘米。

〔钻孔细部〕

石钺

(M288：10)

长条形。顶端有缺损，双面微弧刃，刃部及
两侧边有脊线；对钻孔，孔壁有旋痕。高18、
刃宽6、厚1厘米。

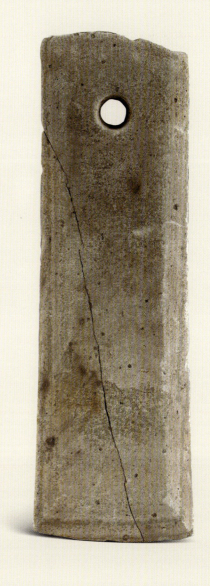

〔钻孔细部〕

石钺

（M323：3）

体瘦长。顶微弧，一侧有缺损；双面平刃，刃
部及两侧边有脊线；钺面抛光，两面都刻画有
多个大小不等的"×"形符号；对钻孔，孔壁有
旋痕。高22.4、刃宽11.6、厚1.5厘米。

〔刻纹特写〕

石钺

(M479：13)

近"风"字形，体宽。顶略弧，双面弧刃，两面有刃脊线；双向管钻孔。高16.8、刃宽16.5、厚0.6厘米。

石钺

(M517：7)

"风"字形，体较方。顶微弧，双面弧刃；对钻孔，孔壁有旋痕。高18.2、刃宽14.8、厚0.6厘米。

石钺

(M36∶11)

体宽。顶不规整，双面微弧刃，两侧边微内束；双向桯钻孔，孔壁有旋痕。高8.4、刃宽11.7、厚1.6厘米。

石钺

(M137∶8)

"风"字形，器形扁薄、宽大。顶较直，双面弧刃，刃部较钝；大孔为对钻，经修磨。高17.4、刃宽19、厚0.5厘米。

石钺

(M528:11)

"风"字形，器形扁薄。顶端不规则，双面弧刃，两侧较斜直；中部略厚，两侧渐薄，边缘折收成脊线；单面管钻孔，另一面略修磨，孔壁留有旋痕；两面光滑，刻画若干"×"形符号。高13.2、刃宽9.9、厚0.8厘米。

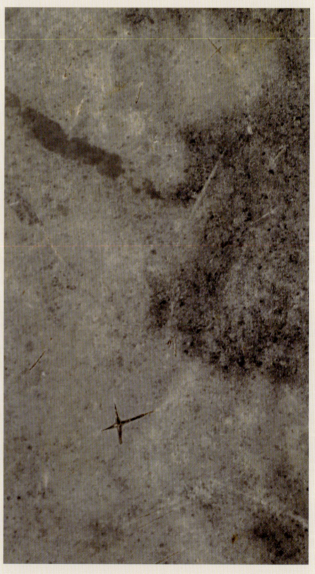

〔刻纹特写〕

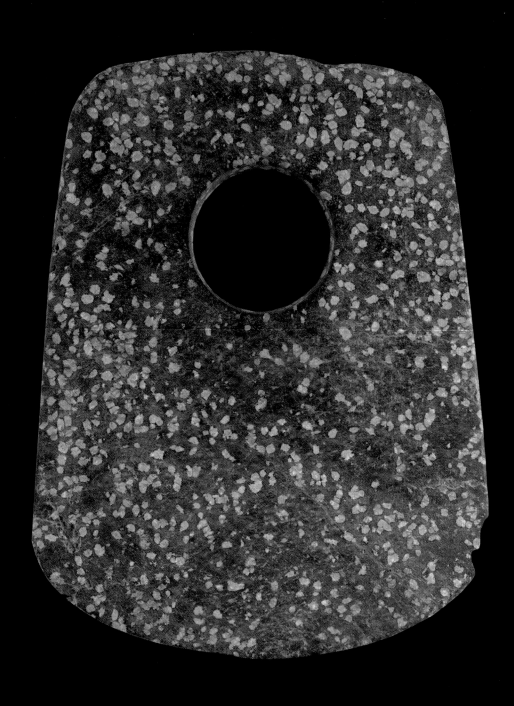

石钺

(M112：5)

顶微弧，双面弧刃，刃较钝；对钻孔，孔壁有
旋痕。高 19、刃宽 14.2、厚 1.1 厘米。

石钺

（M269：4）

舌形。顶微弧，双面弧刃，刃部鼓凸，刃部
及两侧边有脊线；对钻孔，孔壁有旋痕。高
12.7、刃宽7.8、厚1.3厘米。

石钺

（M503：22）

舌形。顶微弧，双面弧刃，刃部未打磨；对钻
孔，孔壁有旋痕。高12.1、刃宽8、厚1.4
厘米。

石钺

(M 443：9)

梯形，为改制件。顶平直，双面近直刃；孔偏于一侧，为对钻孔，孔壁有旋痕。高8.7、刃宽7.9、厚0.9厘米。

石钺

（M524：3）

方片形，扁薄，为改制件。一面较粗糙；单面刃，
双向桯钻小孔。高8.7、宽9.7、厚0.8厘米。

石钺

(M103:1)

不规则形,为改制件。斜直顶,双面弧刃,局部为单面刃;两侧不等长;钺面粗糙;孔偏于一角,双向桯钻而成,孔壁有旋痕。高8.8、刃宽8.5、厚0.7厘米。

石钺

(M446：3)

不规则形，为改制件，制作较粗糙。顶呈梯形，单面直刃，两侧边较直；孔为琢打略经修整而呈椭圆形，孔壁不规则。高13.3、刃宽9.2、厚0.9厘米。

石钺

(TE5N8②:1)

"风"字形。顶微弧，双面直刃；钺面打磨光滑；孔为双向桯钻，孔壁略显粗糙。高19、刃宽11.3、厚1.1厘米。

石斧

(TE2N8⑧:18)

舌形，厚重，大部保留原表面的石皮。双面弧
刃。高15.1、刃宽5、厚4.8厘米。

石凿

(TE2N8⑤:9)

上部残，单面刃；有较多琢打痕迹。残高
10.1、刃宽1.2、厚3.4厘米。

石凿

(TE2N7③:1)

长条形。正面弧拱磨光，两侧及背面较粗糙，
单面刃。高11.1、刃宽0.9、厚2.4厘米。

石凿

（TE4N12⑥：4）

长条形。正面下部内折，单面刃。高10.6、
刃宽1.1、厚1.7厘米。

石凿

（TE2N8①：1）

顶面粗糙不平，下部磨光；双面微弧刃。高
11.5、刃宽2.6、厚4.4厘米。

石凿

(TE5N11⑦:3)

背部弧拱，横截面近长方形，单面刃；下部磨光。高9.3、刃宽2.4、厚4厘米。

石凿

(TE5N11⑧:4)

制作较粗糙，厚重。背略弧拱，横截面近方形，单面刃。高13.7、刃宽3.2、厚4.3厘米。

石锛

(TE2N8⑧:19)

平面近长方形，有段，单面平刃。高5.8、
刃宽3、厚约0.9厘米。

石锛

(TE2N7⑤:2)

平面呈长梯形，单面平刃。高6.1、刃宽
2.6、厚约1.2厘米。

石锛

(TE5N11⑥:2)

平面近梯形，有段，弧背，单面平刃。高
5.5、刃宽2.6、厚0.9厘米。

石锛

(TE5N11⑥:1)

有段，弧背，单面刃。高6.3、刃宽
2.8、厚1.3厘米。

石锛

(TE2N8⑧:20)

有段，背微弧，单面刃；打磨光滑。高5.2、
刃宽2.3、厚1厘米。

石锛

(TE2N8②：4)

有段，斜背，单面刃；打磨光滑。高 7.2、刃
宽 2.6、厚 2.2 厘米。

石犁

(TE1N4②:1)

为犁尖。尖端残；两侧边为单面刃，向内凹弧，有刃脊线，一侧有崩缺；存一个半打琢孔。残高14、残宽8.3、厚0.5厘米。

石犁

(TE19N21⑨∶6)

扁薄，一侧边为单面刃，两穿孔琢打修磨而成。高30.2、宽15.2、厚0.7厘米。

石犁

(TE3S3⑪∶1)

扁薄，一侧边和底部均为单面刃，两穿孔为琢打加桯钻而成。高31.3、宽11.1、厚0.9厘米。

石铲

(TE4N16⑥:12)

双肩，直柄，单面刃，刃有崩缺；磨制粗
糙，两侧边及顶部有打制疤痕。高11.7、宽
10.8、厚1.3厘米。

石铲

(TE7N1② :1)

双肩，柄把微斜；器身留有多处打制疤痕。高13.8、宽11.9、厚2.5厘米。

石铲

(TE3N1④:1)

双肩，直柄，双面刃，刃有崩缺；两侧及顶部留
有打制疤痕。高9.9、宽10.4、厚1.4厘米。

石刀

(TW1N1④:1)

扁薄，打磨光滑。顶部中间上凸，下有单面管
钻一孔；两肩向外上翘，双面弧刃。高6.5、
刃宽13.5、厚0.4厘米。

石刀

(TE28N45②:1)

扁薄，打磨光滑。顶部中间向上弧凸，下有双
面桯钻一孔；两肩向上翘，两侧边内凹，双面
折刃。高7.6、刃宽17.5、厚0.6厘米。

石刀

(TE3N17⑤:7)

扁薄。顶部中间上凸，两肩略上翘，双面弧
刃。残高6.4、刃宽13.5、厚0.8厘米。

石刀

(TE2S1④:1)

扁薄。顶部中间微内凹，下单面钻一穿孔；两
侧边微下收，双面折刃。高4.6、刃宽9.9、
厚0.5厘米。

石刀

(TE4N17⑤:3)

扁薄，打磨光滑。顶平直，双面折刃。

高4.4、刃宽9.9、厚0.5厘米。

石刀

(TE5N11⑨:5)

扁薄，打磨光滑。顶平直，双面弧折刃。

高4.1、刃宽10.4、厚0.5厘米。

石刀

(TE6S1采集)

靴形。双面刃近直，刃部较粗糙；柄部向刃端弯弧。高6、宽9、厚0.8厘米。

石刀

(TE4N16⑥：15)

双面弧刃，刃部光滑；柄呈宽横条状。高5.5、刃宽9.2、厚1厘米。

石刀

(TE6N7③：9)

靴形，扁薄。直柄，双面直刃。高6.8、刃宽
7.8、厚0.8厘米。

石刀

（TW1N5⑦:3)

靴形，器表粗糙。双面弧刃。高9.6、刃宽9.5、厚0.8厘米。

石刀

(TE4N16⑤:9)

斜柄，双面直刃；器背和柄把边缘有琢打
疤痕。高4.9、刃宽10.2、厚0.7厘米。

石镰

(TE4N16⑤:5)

双面刃，局部打磨光滑；顶部和侧部留有琢打
的片疤痕。高6.1、宽17.3、厚1.4厘米。

石破土器

（TE2N8⑧：17）

斜柄，器体呈三角形；双面弧刃，刃
部磨光；周身留有多处打制片疤。高
18.3、刃部残宽24.8、厚1.6厘米。

石破土器

（TE9N7④：8）

斜柄，柄把顶部呈垭口状；单面刃；器身两
侧和顶部留有琢打的片疤。高19.7、刃宽
20.3、厚2厘米。

石破土器

(TE3N17③：2)

整器近斜"L"形，双面弧刃；边缘留有琢打的
片疤。高16.3、刃宽20.5、厚1.8厘米。

石破土器

(TE3N1④:5)

制作粗糙。柄把略斜，柄把顶部较平；刃部有
崩缺。高18.6、刃宽17.8、厚2.8厘米。

石破土器

(TE26N45⑥：4)

斜柄，柄把顶部呈凹弧状；单面微弧刃，刃有崩缺；两侧边有琢打的片疤。高21.4、刃宽24.7、厚2.5厘米。

石镞

(M503：24)

细长柳叶形。尖微残，截面近菱形，两侧锋
呈双面刃状；尾端内收出扁铤。高15.2、宽
2.1、厚1.4厘米。

石镞

(M103：2)

柳叶形。尖端残，截面近菱形，中部有脊；下
半部内收出扁圆柱形铤，铤尾部有横向的摩擦
痕。高6.2、宽1.6、厚0.8厘米。

石镞

(M 323 : 2)

柳叶形。首尖，截面近菱形，两侧边为双面
刃，中部有脊；扁锥状铤，表面有摩擦痕。高
9.8、宽2.2、厚1厘米。

石镞

(TE2N8①: 2)

柳叶形。首尖，截面呈扁菱形，两侧锋呈双面
刃状，上半段有脊；底部磨至扁平。高9.9、
最宽处2、厚0.6厘米。

石镞

（TE2N1⑤：1）

柳叶形。首尖，截面近菱形，两侧锋呈双面刃状，中部有脊；近底部内收略带铤状。高7.9、宽2.3、厚0.6厘米。

石镞

（TE2N9⑥：4）

平面呈桨形，扁圆铤。高7.1、最宽处1.7、厚0.4厘米。

石镞

(TE6N7③：2)

尖略残，截面近菱形，两侧锋双面刃，中部有脊线；近尾部直角内收出铤。高6.1、宽1.6、厚0.8厘米。

石镞

(TE11N10⑧a：5)

柳叶形。首尖，截面近扁菱形，两侧锋双面刃，中部有脊线；近铤部内收呈亚腰状，下有短铤。高14、宽3、厚1厘米。

石镞

(TE11N10⑧a：3)

尖略钝，截面近菱形，两侧锋双面刃，中部有脊线；尾部直角内收出铤。高8.3、宽2.6、厚1.2厘米。

石网坠

(TE19N21⑩:8)

圆柱形，横截面近椭圆形；两端各修磨出一凹槽。长10.9、最宽处3.5、厚2.9厘米。

〔TE29S5西北角③层中石网坠集中出土情形〕

石网坠

(TE 29 S5 ③)

集中出土。长 1.3~3.9、宽 1.2~2.1厘米。

砺石

(TE6N1：4)

中部有浅灰色夹层。整体不规则，磨面中间下凹，侧边粗糙不规则。长19.6、宽14.3、厚4.9厘米。

玉料

(TE27N48④:2)

滑石。不规则状，表面粗糙，可见若干切割痕。高3、长5.8、宽3.7厘米。

玉料

(TE26N44④:3)

滑石。不规则状，表面粗糙。高2.8、长4.5、宽3.7厘米。

陶 器

陶鼎

(TE2N8⑧：64)

夹砂灰褐陶。斜沿、折颈，深腹罐形；残留有
烟炱。口径40.2、高47.8厘米。

陶鼎

(TE2N8⑨：24)

夹砂灰褐陶。斜沿、折颈，深腹罐形；残留有
烟炱。口径23.2、高28厘米。

陶鼎

(TE2N8⑧：23)

夹砂红褐陶。平沿、折颈，扁鼓腹；残留少许
烟炱。口径26、残高16厘米。

陶鼎

(TE2N8⑥:11)

夹砂红陶。斜折沿，折腹釜形。口径25.6、
残高15.2厘米。

陶鼎

(TE4S1③:10)

夹砂红褐胎黑皮陶。折沿，高直颈，扁直筒
腹。口径16.4、残高16.9厘米。

陶隔挡鼎

（TE27N42⑦：5-1）

夹砂红陶。卷沿，深鼓腹，圜底，下接三个矮
鱼鳍形足；腹内有一周隔挡，一侧的两足中部
于隔挡下有一小孔，略出小短流。口径20.5、
高19.3厘米。

陶豆

(TE3N10：1)

泥质褐胎黑皮陶。内折沿，子母口，深弧腹，
亚腰形圈足。口径25.4、高14.5厘米。

陶豆

(H2②：1)

泥质灰褐胎黑皮陶。内折沿，子母口，深弧
腹，亚腰形圈足。口径26.4、高15厘米。

陶豆

(TE26N45③:1)

泥质褐胎黑皮陶。窄平折沿，沿下有一周折棱，斜弧腹折收；圈足上分布有上下错缝的两周镂孔。口径21.8、高9.1厘米。

陶豆

(TE28N45⑥:3)

泥质灰胎黑皮陶。敛口，平折沿微外翻，斜腹，粗柄圈足；柄部有三组弦纹及三等分式圆形大镂孔，其间分布两周对应的斜向戳印纹。口径20.6、高9.2厘米。

〔豆圈足内侧刻符〕

陶豆

(M337:6)

泥质褐胎黑皮陶。方圆唇，敞口，折腹浅盘，平底，高柄喇叭形圈足；圈足内侧有一"井"字形刻画符号。口径19.5、高16.2厘米。

陶簋

(M189:8)

___

夹砂红陶。尖唇,附沿,深直腹弧收,尖圜底,喇叭形圈足;腹中部有一周凸弦纹。口径17.1、高22.2厘米。

陶簋

(M9:6)

___

夹砂红陶。器形较大。宽沿外翻,窄折肩,下腹微弧,底已残,下接圈足;肩部附加一对弯月形鋬手。口径31、高16.2厘米。

陶簋形器

(M327：39)

夹砂红陶。平沿内凸，斜弧腹较深，小弧底，
矮细柄喇叭形圈足；腹部分布斜向绳纹。口径
22.1、高16.9厘米。

陶罐

(TE2N8⑧:16)

泥质红陶。圆唇，平沿，矮领，鼓肩，圆鼓腹；
沿面有戳印纹。口径14.7、残高19厘米。

〔口沿戳印纹俯视〕

陶罐

（TE27N45：29）

泥质红陶。圆唇，平折沿，卷颈，弧凸肩，斜
弧腹，平底。口径30、高27.8厘米。

陶罐

(TE5N12⑤：1)

泥质灰褐胎黑皮陶。斜卷颈较直，鼓腹，平底。口径12、高15.6厘米。

陶罐

(TE17N21：1)

泥质红陶。小平沿，斜卷颈较直，略鼓肩，鼓腹，平底。口径11.3、高13.5厘米。

陶罐

(M270:4)

泥质褐胎黑皮陶。斜卷颈，斜弧肩，弧凸腹，圜底，矮圈足。口径11、高14.3厘米。

陶罐

(M374:6)

泥质红褐胎黑皮陶。方唇，斜卷颈，圆鼓腹，圜底，矮圈足。口径10、高13.5厘米。

陶盆

(TE2N8⑥:13)

泥质黑皮陶。方唇，折沿，中腹微鼓，平底；
鼓腹处饰有一周三道凸弦纹为一组的宽棱。口
径32.4、高15.6厘米。

陶盆

(TE14N18:4)

泥质灰褐胎黑皮陶。卷沿较直，鼓腹斜收，平
底微内凹。口径18.4、高13.3厘米。

陶器盖

(TE2N8⑧:15)

泥质黑皮陶。直口，覆钵状，捉手为上端有凹窝的小圆柱形；口沿一侧有两个圆形穿孔。口径18.7、高6.4厘米。

陶器盖

(TE2N8⑨:63)

夹砂灰褐陶。敞口，覆斗状，环形捉手；内壁有烟炱。口径23.6、高7.7厘米。

陶双鼻壶

（TE2N8⑤：7）

泥质褐胎黑皮陶。高颈微束，下部较粗，小平肩，扁鼓腹，圈足微外撇。口径7、高13.1厘米。

陶双鼻壶

（TE6N7③：6）

泥质褐胎黑皮陶。束颈较高，鼓腹较扁，圈足残。口径8.8、残高12.4厘米。

陶簋形杯

(M161：18)

夹砂红陶。平沿，深弧腹，弧底，矮圈足微外撇；圈足上对称分布两个为一组的圆形镂孔。口径13.9、高11.4厘米。

陶簋形杯

(M435：4)

夹砂红陶，器表原有黑皮。方唇，敞口，折腹斜收，转折处有一周凸棱，圜底，矮圈足；腹部饰有网格纹。口径11.2、高8.1厘米。

陶簋形杯

(M340∶12)

夹砂红陶。圆唇，平沿外翻，内侧微凸，斜腹折收，转折处有一周凸棱，小圜底，喇叭形圈足；腹部饰有交叉的刻划纹。口径15.4、高13.3厘米。

〔腹壁刻划纹〕

陶簋形杯

（M357：9）

泥质灰褐胎黑皮陶。子母口，口沿处对称贴双
鼻，深弧腹，小弧底，小喇叭形圈足；腹壁分
布四组、每组三道的凹弦纹，其间各饰有一周
密集分布的三重同心圆纹，最上一周同心圆刻
纹间还夹有上下两两为一组的弧边三角形纹。
口径10.6、高14.1厘米。

陶杯

（M20：34）

泥质褐胎黑皮陶。侈口，筒形腹，浅圈底，矮
圈足。口径8、高7.8厘米。

陶带盖觚形杯

(M39：29)

泥质褐胎黑皮陶。杯直口微侈，筒形腹，平底，圈足外撇；盖子母口，盖面较平，小喇叭形捉手。杯口径7、高11.2厘米，盖径6.9、高3.3厘米。

陶鬶

(TE1N8④：6)

夹砂红陶。流口残，扁鼓腹，扁柱状把手，弧底，扁柱状足。残宽13.6、残高14.5厘米。

陶盉

(TE3S1:1)

泥质红褐胎黑皮陶。流微斜，矮颈较直，鼓腹
较扁，宽带状把手，平底，三个小矮足。最大
腹径19.6、高15.3厘米。

陶宽把壶

(TE5N17⑥：5)

泥质灰胎黑皮陶。口部残，中腹鼓凸，矮圈
足；肩、腹部之间有宽带状把手，已残；腹部
有一道凸棱纹。腹径11.6、高9.2厘米。

陶宽把杯

(TE28N41⑧：1)

泥质灰褐胎黑皮陶。斜口，流部残，折肩，弧
凸腹，一侧装有宽带状把手，弧底，矮圈足。
腹径9.8、残高12.6厘米。

陶宽把杯

(TE2N8⑧：21)

泥质褐胎黑皮陶。流口残，矮颈，圆鼓腹，一侧装有宽带状把手，平底微凹。最大腹径11.8、高9.3厘米。

陶缸

(TE6S1③∶1)

夹粗砂褐陶。尖唇，大口微侈，斜弧腹，小
圜底；口沿下方拍印网格纹，腹部拍印斜向绳
纹。口径39、高43.2厘米。